20대 변화해야 할 **사고방식** 50가지

20대 변해야 할 사고방식 50가지

초판 1쇄 발행 | 2015년 2월 10일
초판 2쇄 발행 | 2015년 4월 15일

지은이 | 김시현
펴낸곳 | 함께북스
펴낸이 | 조완욱

등록번호 | 제1-1115호
주소 | 412-230 경기도 고양시 덕양구 행주내동 735-9
전화 | 031-979-6566~7
팩스 | 031-979-6568
이메일 | harmkke@hanmail.net

ISBN 978-89-7504-618-6 03320

20대
변화해야 할
사고방식
50가지

김시현 지음

함께
BOOKS

서문

20대는 진실은 멀리한 채….

거짓되고 허황된 실체 없는 괴물에 마음을 빼앗긴 영혼이다.

나의 20대는 투쟁의 연속이었다. 세상에 중심에 서고 싶었고 승리를 갈구했다. 하지만 20대의 나에게는 승리를 쟁취할만한 노하우와 경험이 있을 리 만무했다. 20대의 가장 취약한 부분인 경험 부족을 채우기 위해 직접, 간접 경험을 하는데 20대의 에너지를 쏟아부었다. 그래서 나의 20대를 돌아보면 좌충우돌, 맨땅에 헤딩, 무조건 앞으로 돌격의 시간을 보냈다 해도 과언이 아니다. 그렇게 보낸 시간은 거름이 되어 나의 천직을 찾게 해주는데 결정적인 도움을 주었다. 천직을 찾는 과정에서 참 자아를 찾았음은 당연한 결과였다.

20대에 방황하고, 실수하고, 경험해보고, 깨지고, 일어서기를 반복하다 보니 나 자신이 누구인지 알게 되었다. 수많은 경험 속에서 건진 보물이었다. 20대에 도전하기를 거부하고, 안락하고 평범한 삶을 추구했다면 지금의 나는 없었을 것이다. 또한 이 책은 쓰여지 못했을 것이다.

지금 20대의 청춘들은 바로 과거의 나다. 수없이 깨지고 넘어지기를 반복했던 그 시절, 지푸라기라도 잡는 심정으로 간절하게 책을 읽고 멘토를 직접 찾아다녔다. 20대 후반부터 지금까지 햇수로만 8년째 몇천 권의 책을 읽었고, 롤모델을 직접 만났다. 그리고 그 경험은 서른 중반을 훌쩍 넘는 나로 하여금 20대에게 나의 경험을 바탕으로 진실을 알려주려 하는 계기가 되었다.

20대를 위한 책을 집필하기 위하여 20대를 위한 책을 오랫동안 자료 조사를 했다. 자료 조사를 마치고 서점에서 나오는 길에는 한숨이 나오고 화가 날 정도였다. 20대를 위한 책에서 20대에게 직접 도움이 될만한 내용을 찾기가 힘들었기 때문이다.

20대를 위한 자기계발서를 쓰는 작가들은 20대를 지나온 지 오래되어서 지금 20대 청춘들과는 많은 차이가 있음을 알 수 있었다. 올해는 2015년이다. 하지만 그들의 20대는 1980년대였다. 저자 대다수가 명문대 교수, 종교인, 정치인, 기업가였다. 그들의 눈으로는 지금의 20대가 얼마나 처절하게 생활하는지, 취업의 문 하나를 통과하기 위해서 얼마나 절박한지 모른다. 이미 그들은 대한민국 1%로 살아온 시간이 길기 때문이다.

20대를 위한 자기계발서를 쓰는 대한민국 1%인 그들의 성공 요인은 생각하는 힘에서 출발했다. 하지만 정작 그들이 쓴 책에서 생각을 바꿔야 한다는 이야기는 나오지 않는다. 왜 자신들이 성공한 가장 핵심적인 원인에 대해서는 언급하지 않고 젊음은 원래 아프다거나, 멈추면 보인다거나, 수없이 흔들려야 어른이 된다는 이야기를 하고 있을까.

지금부터는 기성세대로부터 달콤한 격려나 지지를 듣는 것을 중단하길 바란다. 지지나 격려는 듣는 순간에는 힘이 되고 마음의 위로가 되겠지만, 근본적으로 삶을 변화시키지는 못한다. 근본적인 삶의 변화를 원한다면 현실을 똑바로 인식하는 것부터 출발한다. 그리고 이것은 달콤하지 않다. 오히려 아프다. 심장을 쑤시는 듯한 통증을 느껴야 현실을 제대로 인식할 수 있다.

사회의 모든 계층이 빨대를 꽂고 착취하기 쉬운 그대의 이름은 바로 20대다. 무엇이 잘못되어 청춘이 아름답기는커녕 이렇게 아프고 슬픈 이름이 되어버린 걸까? 어두운 터널을 벗어나면 찬란한 미래가 기다리고 있으면 다행이건만 현실을 그렇지가 못하다.

하지만 반전의 기회는 어디에나 널려 있다. 그리고 20대에게는 반전할 수 있는 시간이라는 기회가 풍족하게 주어져 있다. 그대가 살아가야 할 인생은 앞으로 70년이 넘는다.

20대는 온몸에 '뜨거운 생각'이 흐르게 해야 한다. 생각은 모든 것을 바꾼다. 생각은 모든 것을 바꿀 수 있는 엄청난 파괴력을 지닌 도구다. 제대로 생각하는 법만 배울 수 있다면 그대가 원하는 대로 살 수 있게 될 것이다.

하지만 정작 생각의 중요성은 외면한 채 스펙에 매달리고 취업 전쟁에 시달리느라 기성세대에게서 주입된 잘못된 생각이 바꿔야 할 것이라는 것도 모른 채 힘겨운 개미지옥의 일상을 살아가고 있다.

생각은 인간을 규정할 수 있고, 파괴시킬 수도 있다. 하지만 어떤 생각을 선택하든 그것은 그대의 자유 의지이다.

"우리 세대의 최고의 발견은 인간이 마음가짐을 바꿈으로써 삶을 바꿀 수 있다는 사실이다. 생각을 바꾸면 삶을 바꿀 수 있다."
- 미국의 심리학자 윌리엄 제임스

우리 모두의 인생이 이처럼 힘들고 비루한 이유는 생각 때문이다. 생각은 그대가 누구인지 말해준다. 생각이 곧 그대를 만들었다. 앞으로의 긴 인생도 마찬가지다. 그대의 환경은 그대의 생각이 외부로 표출된 것이라는 것을 알아야 한다. 지금 이 순간도 그대의 생각은 그대의 환경을 만들어 내고 있다.

이 책은 지금의 20대 청춘들과는 전혀 다른 시대를 살아온 기성세대들에 의하여 고정화된 관념을, 현재 2015년을 살아가는 청춘들이 반드시 바꿔야 할 50가지 주제들에 대해 이야기할 것이다.

20대인 그대가 잘 아는 최고의 인생을 산 위대한 인물이 20대에 어떤 생각을 하며 살아갔는지 자세히 조사해 보아라. 그리하여 그들이 끊임없이 도전하고, 실패하고, 무참히 넘어지면서 20대를 보냈다는 것을 알게 되고, 또한 그들의 사고방식은 평범함과는 거리가 멀었다는 것도 느낄 수 있기를 바란다.

최고의 인생을 살고 싶지 않고 그저 적당하게 살고 싶다면 그대의 생각을 바꾸지 않아도 된다. 하지만 유념하라. 지금 20대가 겪고 있는 고통과 불안의 가장 큰 원인은 생각하는 힘에 대한 이해가 부족해서이다. 생각은 그대가 완벽하게 통제할 수 있는 그대에게 무조건 복종하는 심복이다.

미래의 주인공은 20대다. 아무리 세상이 미치고 날뛰어도 나이가 많은 사람들은 그대들보다 일찍 세상을 뜨게 되어 있다. 지금까지 기성세대가 그대들에게 주입한 패배자의 생각은 과감하게 휴지통에 폐기 처분하라. 기성세대가 만든 암울한 세상을 반복하고 싶지 않다면 20대, 그대들이여! 항상 깨어 있어라. 생각의 방향을 바꿔라!

목차

서문 | 4

노력은 그만하고 재능을 찾아라

01. 스펙 쌓기는 성공의 지름길이다
→ 스펙 쌓기는 평범함으로 가는 지름길이다 | 18

02. 공부는 재미없지만 해야만 하는 것이다
→ 재미없는 것은 하지 말아야 하는 것이다 | 24

03. 성실해야 한다
→ 성실함은 목적 없는 청춘의 피난처다 | 30

04. 노는 시간을 아껴서 미래를 준비해야 한다
→ 노는 게 남는 거다 | 36

05. 모든 것은 알맞은 때가 있다
→ 알맞은 때란 없다 | 40

06. 실패는 가능한 피하는 것이 좋다
→ 실패 없는 성공은 존재하지 않는다 | 46

07. 나이 든다는 것은 슬픈 일이다
→ 나이 든다는 것은 멋진 일이다 | 50

08. 나를 가장 잘 아는 것은 부모님이다
→ 부모님은 자식에 대해서 잘 모른다 | 54

09. 개천에서 용이 나는 건 옛날이야기다
→ 시대와 상관없이 언제나 개천에서 용은 탄생했다 | 60

10. 평범하게 사는 것이 행복이다
→ 평범함은 곧 죄악이다 | 64

힐링을 추구하지 말고 현실을 똑바로 봐라

11. 세상 돌아가는 것을 알아보려면 인터넷을 해야 한다
→ 인터넷은 세상 돌아가는 것을 알려주지 않는다 | 70

12. 친구는 소중하다
→ 지금 만나는 친구 중 열에 아홉은 십 년 후 연락도 안 하고 산다 | 74

13. 영어공부와 헬스는 자기계발이다
→ 영어 공부와 헬스는 시간 보내기용 처방이다 | 78

14. 직업 선택 기준은 연봉이다
→ 직업선택의 기준은 적성이다 | 82

15. 20대의 성공은 멋진 것이다
→ 20대의 성공은 독이다 | 88

16. 지금 나에게 필요한 것은 격려와 지지다
→ 격려와 지지는 인생을 암울하게 하는 비곗덩어리다 | 92

17. 인생에는 보험이 필요하다
→ 양다리를 걸치면 아무것도 얻지 못한다 | 96

18. 도서관에서 잠깐 조는 것은 괜찮다. 일단 도서관에 왔으니까
→ 도서관에서 자지 말고 집에서 자라 | 100

19. 인내심을 가져야 한다. 내가 참으면 해결된다
→ 인내심은 바보들의 특급 무기다 | 104

20. 자격증은 많이 따두는 것이 좋다
→ 자격증 수집은 비정규직으로 가는 등용문이다 | 108

먹고살 궁리 하지 말고 일의 가치를 찾아내라

21. 재테크의 고수가 되어야 한다
→ 재테크는 서민을 위한 마약이다 | 114

22. 하향지원이 안전하다
→ 하향지원하는 인생은 하류에서 평생 머물게 된다 | 118

23. 왕따가 되는 것이 두렵다
→ 초등학생도 왕따가 되는 것을 두려워한다 | 122

24. 먼저 다가가거나, 베푸는 것은 손해다
→ 인생은 선불제다 | 126

25. 나를 아는 것보다 사회를 알아가는 것이 더 중요하다
→ 나를 알지 못하면 그 어떤 것도 알 수가 없다 | 132

26. 직관보다는 이성에 따라야 한다
→ 이성에 따라가다가 돌이킬 수 없는 후회와 마주하게 된다 | 136

27. 결국은 학벌이다
→ 결국은 생각이다 | 142

28. 돈은 모으는 것이 버는 것이다
→ 돈을 모으려고 하는 자는 점점 돈과 멀어질 것이다 | 148

29. 재벌이 되려면 다시 태어나야 한다
→ 다시 태어날 필요 없다. 그대는 시간 재벌이다 | 152

30. 지나친 욕망은 좋지 않다
→ 욕망이야말로 성취의 근원이다 | 156

학교는 다닐 만큼 다녔다. 리얼월드로 진출하라

31. 학교에 다니는 것은 투자다
→ 학위는 대출을 담보로 한 노예 생활의 시작이다 | 162

32. 인맥이 많은 사람이 성공한다
→ 인맥과 성공은 아무 상관이 없다 | 168

33. 대열에서 이탈하면 낙오자가 된다
→ 대열에서의 이탈은 성공의 근원이다 | 172

34. 방관자가 편하다
→ 방관자는 처음에는 편하지만, 나중에는 대가를 크게 지불한다 | 178

35. 나를 알아보고 키워주는 사람이 있을 것이다
→ 그런 사람은 없다 | 182

36. 방황하는 시간은 인생을 좀 먹는다
→ 20대에 방황하지 않으면 방황할 시간은 없다 | 186

37. 나는 내 인생의 주인이다
→ 20대는 사회의 노예 계층이다 |190

38. 모난 돌이 정 맞는다
→ 모난 돌은 특별하다 |194

39. 돈과 권력에는 머리를 숙일 줄도 알아야 한다
→ 돈과 권력에 아첨하는 것은 젊음이 아니다 |198

40. 사회의 어두운 면은 알아두는 것이 좋다
→ 어두운 면에 집중하면 어두운 인생을 살게 된다 |202

20대! 인생의 오너드라이버가 되어라

41. 지금 사귀는 사람보다 좋은 사람은 만나지 못할 것이다
→ 세상에 좋은 사람은 차고 넘친다 | 208

42. 안정된 삶을 추구해야 한다
→ 안정된 삶을 추구하는 것은 곧 불안정한 인생을 살게 된다는 것이다 | 212

43. 꿈은 현실적이어야 한다
→ 현실적인 것은 꿈이 아니다. 그냥 위시 리스트다 | 216

44. 나의 경쟁자는 우리 과 동기 혹은 입사 동기다
→ 나의 적은 과거의 나다 | 220

45. 엄친딸, 엄친아는 운이 좋은 사람이다
→ 운을 믿는다면 아무것도 하지 말아야 한다 | 224

46. 대중적인 것이 좋은 것이다
→ 대중적인 것은 정신 나간 것이다 | 230

47. 외모는 경쟁력이다

→ **외모에 신경 쓰는 사람의 내면은 공허하다** | 234

48. 30대가 되면 일도, 사랑도 안정될 것이다

→ **30대는 숫자일 뿐이다** | 240

49. 교양서적은 가능한 빌려보는 것이 돈을 아끼는 길이다

→ **빌리는 것은 내 것이 아니다** | 244

50. 공기업이나 공무원은 신의 직장이다

→ **공기업 직원, 공무원이 된다는 것은 스스로 가능성을 차단하는 것이다** | 250

글을 마치며 | 255

노력은 그만하고 재능을 찾아라

01.
스펙 쌓기는
성공의 지름길이다

$\Rightarrow$

스펙 쌓기는
평범함으로 가는
지름길이다

스펙 쌓기의 본질은 남들의 평가 기준에 자신을 끼워 맞추는 것이다. 최고 경영자로 키워지는 사람들은 스펙을 쌓지 않는다. 재벌 2세가 토익시험에 매진하는 걸 본 적 있는가? 스펙이라는 것은 입사 전형에서 그대를 합격시키기 위해 필요한 것이 아닌 불합격시키기 위해서 존재하는 것이다. 필터 역할을 하는 것이다. 아무리 노력해서 고스펙을 쌓는다 해도 취업해서 실무를 경험해보면 알 것이다. 스펙 쌓기에 들였던 시간과 노력이 얼마나 아까운지를.

대한민국의 20대는 고달프다. 너도나도 화려한 스펙을 들고 무작정 같은 방법으로 기둥에 오르려 하기 때문이다. 20대는 스펙 때문에 취업을 못하는 것이 아니라 스펙이 취업을 결정한다고 믿는 생각 때문에 안 되는 것이다. 스펙만 믿고 이력서를 작성한 그대의 속셈을 취업 담당자들은 귀신같이 잘 파악한다. 개인의 가치와 역량을 고작 스펙 같은 것으로 평가할 수 없다는 것을 알아두어야 한다. 스펙 쌓기가 취업에 대한 불안감을 달래줄 수는 있겠지만, 취업을 보장해 주지는 않는다. 그리고 스펙 쌓기는 그대뿐만 아니라 20대의 대부분이 몰두하는 분야라는 것을 잊지 말아야 한다. 경쟁이 치열한 곳에서 승자가 되려면 그만큼 힘이 든다. 스펙 쌓기는 전략적으로도 실패하는 길이다.

대기업 취업 담당자들이 이구동성으로 하는 이야기가 있다. 스펙과 실력은 아무 상관이 없으며 가장 중요한 것은 자신을 아는 것이라고 한다. 이게 무슨 의미일까? 스펙 쌓기에 열중하면 할수록 거기에 시간과 에너지가 들어가기 때문에 자신이 누구인지 탐구할 기회가 그만큼 줄어든다. 그래서 스펙 쌓기가 평범함으로 가는 지름길이라는 것이다.

그대들이 그렇게 추구한 스펙은 인생 역전에 아무런 도움이 되지 않는다. 스펙을 쟁취하면 그만큼의 대가가 있을 거라고 생각하지만, 현실은 반대다. 먼 훗날 지금을 되돌아보면 스펙을 쌓는데 시간과 열정을 불사르던 것 때문에 진짜 중요한 걸 하지 못한 자신을 후회하게 될 것이다.

빡빡한 시간을 쪼개어 토익 학원에 등록하고 큰돈을 들여 해외연수를 다녀오는 것은 전경련에서 실시한 조사에서 실무에 가장 도움이 안

되는 대표적인 스펙이라고 한다. 그러니 취업에서 중요한 것이 스펙이라는 항목은 머릿속에서 지워버리도록 하자. 이력서에 구구절절 스펙의 향연을 늘어놓아도 그대에게 업무를 향한 열정이 없다면 무용지물이다. 중요한 것은 누구나 경험하고 누구나 할 수 있는 평범한 스펙이 아니라, 업을 향한 커다란 열정이라는 것을 취업 담당자들도 익히 알고 있다. 열정 자격증이나 열정 스펙 같은 것은 발급되지 않는다. 무슨 자격이 있어야 일을 시작할 수 있다는 고정 관념에서 탈출하라.

20대가 그렇게 스펙에 목을 매는 이유는 스펙 쌓는 일 말고는 다른 해야 할 일을 찾지 못하기 때문이다. 10대는 공부만 했고, 20대는 취업 준비만 했다. 인생 경험이 입시 준비, 취업 준비가 전부인 것이다. 20대에는 다양한 경험이 필요하다. 풍부한 경험으로 세상을 바라보는 시야가 넓어지면 자신의 진로를 스스로 선택할 수 있는 폭이 넓어진다. 자신의 직업을 스스로 개척할 수도 있다.

청춘의 필수 과정인 경험을 거부하고 스펙으로 대신하고자 한다면 안타깝게도 그렇게 원하는 취업은 점점 멀어질 것이다. 기업에서는 창의적인 인재를 원하고, 창의력의 원천은 폭넓은 경험이라는 것을 잘 알고 있기 때문이다. 경험도 스펙으로 쌓을 수 있다고 생각하면 오산이다. 취업 담당자들은 스펙을 위한 경험인지 진짜 살아 있는 쓸모 있는 경험인지 서류만 보고 귀신같이 걸러낸다.

세상의 모든 범재가 스펙 쌓기에 몰두할 때 진정한 청춘을 누리고자 하는 그대는 스펙 쌓는 것을 거부하라. 오히려 스펙 쌓기를 거부한 것이 훌륭한 스펙이 될 것이다. 이미 남들도 모두 써넣은 스펙이라면 그것은 이미 스펙으로서의 기능을 상실했다. 흔한 스펙 몇 줄을 쓰려고 피 터지게 노력하는 것은 젊음을 낭비하는 지름길이다. ■

명함 예절

1. 명함을 주고받을 땐 반드시 일어나 상대방의 허리에서 가슴 사이의 높이로 건네준다. 앉아 있었거나 손아랫사람이라도 자리에서 일어나 명함을 받는 게 예의다.

2. 위아래가 있다면 손아랫사람이 윗사람에게, 직원이 고객에게, 방문한 사람이 주인에게 먼저 건네는 게 맞다. 명함은 오른손으로 받는 것이 원칙이며 명함을 맞교환할 때는 왼손으로 받고 오른손으로 건넨다.

3. 테이블이 있다면 받은 명함을 곧바로 자신의 명함지갑에 넣는 대신 테이블 위에 내려놓는다. 상대방의 이름과 정보가 있는 부분을 위로, 자리를 마무리하기 전까지 나와 가까운 위치에 반듯하게 올려두는 것이 예의다.

4. 동행한 윗사람이 있다면 윗사람이 먼저 명함을 건넨 다음 자신의 명함을 건넨다.

5. 받은 명함은 그 자리에서 보고, 읽기 어려운 글자(한문이나 외국어)가 있으면 바로 물어본다.

6. 초면에 인사를 나누었을 때에는 만난 일시, 용건, 소개자, 화제 중의 특징, 인상착의 등을 뒷면에 메모하여 다음 만남 기회에 활용하도록 한다.

7. 명함을 건네면서 "처음 뵙겠습니다. ○○과 ○○○입니다."와 같이 자신의 이름과 간단한 인사말을 덧붙인다. 같은 예로 받을 때도 "네, 만나서 반갑습니다" 정도의 인사는 해주는 것이 좋다. 상대가 두 사람 이상일 때에는 윗사람에게 먼저 건넨다.

8. 꼭 비쌀 필요는 없으니 명함지갑을 구비해 명함을 넣고 다닌다. 명함지갑은 바지 뒷주머니에서 꺼내는 것보다 상의에서 꺼내는 게 훨씬 보기 좋다. 명함을 엉덩이로 깔고 앉는 건 그다지 보기 좋은 그림은 아니다.

9. 이름이 쓰여 있는 면을 위로하고 상대방이 봤을 때 바로 읽을 수 있는 방향으로 건네준다. 아예 명함지갑에 명함을 거꾸로 넣어두면 편리하다.

10. 명함은 일어서서 두 손으로 건네며 받을 때도 두 손으로 받는다. 오른손으로 건네며 이때 왼손은 오른손 밑을 살짝 받치는 게 좋다. 자신보다 상대가 먼저 명함을 건넬 경우 상대방의 명함을 받은 후에 건넨다.

02.
공부는 재미없지만
해야만 하는 것이다

⇒

재미없는 것은
하지 말아야
하는 것이다

말콤 글래드웰이 쓴 아웃라이어라는 책에는 '1만 시간의 법칙'이라는 말이 나온다. '1만 시간의 법칙'이란 선천적 재능보다 꾸준한 노력이 대가를 만든다는 것이다. 그런데 최근 미시간 주립대의 연구 결과에 따르면 이 법칙이 진실이 아님이 밝혀졌다. 노력은 타고난 재능을 이기지 못한다는 것이다. 재능도 없는 사람이 죽으라고 10년 동안 노력해 보았자 재능 있는 사람을 뛰어넘지 못한다는 것이다. 왜 소질도 없고 하고 싶지도 않은 일에 노력만 하고 살아가야 한단 말인가.

　더 놀라운 것은 그대들이 지금까지 가장 오랜 시간 노력을 기울였던 분야인 '공부'가 재능으로 밝혀졌다. 공부는 노력과 가장 상관이 없는 분야로 선정되었다. 심지어 음악이나 미술보다 더 노력과 상관관계가 없는 분야가 공부라는 것이다. 노력이 미치는 영향은 음악이 21%, 스포츠는 18%인데 비해 공부는 4%이다. 이만하면 공부가 왜 재미없는지 깨달았을 것이다.

공부가 재미있고, 다른 사람보다 덜 노력해도 공부에 선천적인 재능이 있는 사람들이 있다. 이들은 학교에서 '모범생'으로 불린다. 단지 공부 분야에 재능이 있고 시험을 잘 보는 능력만으로 '모범생'이 된다. 부모들은 자신의 자식들도 모범생이 되기를 바라면서 허리띠를 졸라매고 사교육에 투자하며 공부에 재능이 없는 자신의 자식을 공부만이 성공의 지름길인 양 안간힘을 쓴다.

하지만 공부는 선천적 재능의 분야임이 밝혀졌다. 공부에 재능도 없고 재미도 없다면 다른 재능을 찾아보는 것이 현명하지 않을까. 언제까지 재능 없는 분야에서 죽도록 노력만 하고 살 수는 없지 않은가.

사람들은 모두 각자의 재능을 가지고 태어난다. 하지만 재능을 찾아보기도 전에 재능과는 아무 상관없는 '공부'에 함몰되어 평생 자격지심을 가지고 살아간다. 이것만큼 안타까운 사회적 손실이 있을까.

아르헨티나의 축구 황제 메시가 축구 재능을 찾지도 못하고 평생 되지도 않는 공부만 했다고 생각해보자. 베컴이 한국에서 태어났다면 축구를 먼저 했을까, 영어 유치원에 먼저 다녔을까.

인간은 자기다운 인생을 살아갈 때 가장 행복하다. 자신의 재능이 무엇인지 파악하라. 그 재능을 갈고닦는 것이 바로 자기계발이다. 자기

계발은 남을 따라 하는 것이 아니다. 남이 가진 재능을 부러워하는 것이 아니다. 나만의 타고난 재능을 발견하는 것을 포기하지 말아야 한다. 나만의 재능을 발견하여 그것으로 세상을 상대로 꿈을 펼칠 유일한 무기로 만들어라. 그러면 그대는 고유명사로 남을 것이다. 타고난 재능을 썩히는 것이야말로 인생의 비극이다.

자신이 가지지 못한 재능을 계발하는 것은 시간 낭비다. 그 시간에 자기의 장점을 강화하는 데 쓰면 시간을 단축할 수 있을 것이다. 그대 안의 있는 자원을 발견하라. 그러면 적은 노력을 들이고도 많은 성과를 거둘 수 있을 것이다. 강점을 외부에서 구하지 마라. 못하는 것을 잘하려고 노력하는 것만큼 힘들고 재미없는 일은 없다.

공부가 재미있다는 것은 그 분야에 선천적인 재능을 타고났다는 것을 의미한다. 조금만 노력해도 남들보다 훨씬 잘하는데 왜 재미가 없겠는가. 이런 아이들의 경우 공부가 가장 쉽다는 말을 하게 된다. "공부가 가장 쉬웠어요". 하지만, 사회의 모든 사람들이 공부에 재능이 있을 수는 없다. 또한 그래서도 안된다. 아무리 노력을 하고 시간을 투자해도 성적이 오르지 않고 재미없다면 그대의 재능은 공부가 아니니 다른 길을 찾는 것이 효율적이다.

모두들 자신의 재능을 공부에 맞춰 놓고 있으면 공부로 성공할 가능성은 그만큼 희박해지게 된다. 그만큼 공부에 재능 없는 사람은 블루오션을 헤엄치고 다닐 가능성이 많아지게 된다. 그대만의 재능을 반드시 찾아내어 경쟁 없는 세계, 블루오션의 세계에서 그대가 바라는 꿈을 이루기 바란다. ■

악수의 방법

1. 악수할 때는 반드시 일어서서 상대방의 눈을 보면서 해야 한다. 상대방의 눈을 보지 않고 하는 악수는 큰 실례가 된다.

2. 부드럽게 미소를 지은 채, 손을 팔꿈치 높이만큼 올려서 잠시 상대방의 손을 꼭 잡았다 놓는다. 이때에도 형식적으로 손끝만 잡는다거나 또 자기 손끝만을 내미는 일은 실례가 되고, 너무 세게 잡아서도, 또 잡은 손을 상하로 지나치게 흔들어서도 안 된다.

3. 아는 사람을 만났을 때는 악수에 대비해서 오른손에 들었던 물건을 왼손에 미리 고쳐 드는 것이 예의이다. 왼손잡이도 마찬가지다. 상대방이 오른손잡이일 가능성이 높기 때문이다.

4. 악수하면서 허리를 굽혀 인사하는 사람들이 꽤 많은데, 악수는 원래 서양식 인사이므로 허리를 굽혀 인사할 필요는 없다. 두 가지를 함께 하면 비굴한 인사가 되고 만다.

5. 상대방이 웃어른이라면 먼저 허리를 굽혀 인사를 하고 난 다음에, 어른의 뜻에 따라 악수를 한다. 이때에도 두 손으로 손을 감싸 안을 필요는 없다.

03.

성실해야한다

⇒

성실함은
목적 없는
청춘의 피난처다

우리 사회는 유독 성실함과 부지런함을 강조한다. 압축 성장으로 형성된 대한민국 기성세대의 영향 탓이다. 달리는 말에 채찍을 때리듯 앞만 보고 달린 결과, 자신의 삶을 돌아볼 여유가 없었던 것이다. 목적 없는 성실함은 최저임금을 주고 최대 효과를 내야 하는 아르바이트생에게 써먹어야 하는 사장님들의 논리일지도 모른다. 요즘 서점에 가보면 느리게 걷기, 느림의 미학 등 여유로운 삶을 되찾아야 한다는 내용의 책이 많이 출간되어 있다. 성실함에 대해서 깊이 생각해보는 성찰의 시간을 갖자.

목적 없는 성실함은 결국 가치 없는 곳에 그대의 시간과 에너지를 좀 먹게 한다. 성실함과 부지런함을 종교처럼 떠받들고 살아온 기성세대의 사고방식을 그대로 답습하다가는 그대 자신에 대해서 생각하게 될 소중한 기회를 놓쳐 버리고 말 것이다. 죽도록 성실하고 부지런하려고 애쓰는 데 진짜 중요한 것이 무엇인지 생각할 여유가 있을까?

노력해야만 하고 성실해야만 자신의 가치를 증명한다는 생각은 위험하다. 세상 사람의 대부분이 그런 것을 주무기로 삼고 있기 때문이다. 더 끔찍한 것은 노력과 성실함이 몸에 배어서 평생 그렇게 일해야만 먹고살 수 있는 인생이 되어버린다는 것이다. 이것은 머리로 돈을 버는 것이 아닌 몸으로 돈을 버는 것이다. 현대는 몸으로 자신의 가치를 세우는 시대가 아니다. 쉴 사이 없이 움직이는 것은 기계가 하는 시대인 것이다. 넓은 시야와 시대의 변화에 적응하는 능력이 필요하다. 20대인 그대가 살아가야 할 앞으로의 세상은 더욱더 그러할 것이다.

에너지를 충전하고 보충할 시간도 없이 자신에게 주어진 함량의 에너지를 다 소비하면 어느 순간 무력감이 찾아온다는 '번아웃 증후군(Burnout Syndrome)' 증상을 호소하는 청춘들이 많다. 이렇게 노력하고 열심히 사는데도 왜 인생은 제자리이고, 삶은 달라지지 않을까?

나는 그 이유를 시간 분배의 미숙 때문이라고 생각한다. 본질은 생각하지 않고 비본질에 시간을 쏟는다든가, 중요한 일이 있는데 긴급 순위에 더 시간을 쓴다든지 하는 일은 성과는 오르지 않고, 정작 중요한 일에 쓸 에너지는 고갈된다. 반드시 먼저 해야 할 일이 있고 나중에 해야 할 일이 있다. 이러한 시간의 개념만 명확하게 구분할 수만 있어도 인생은 달라진다. 그만큼 시간을 벌 수 있다는 말이다.

인생을 바꾸려면 자신의 에너지를 탈진할 때까지 쓰면 안 된다. 이 것은 성실한 것이 아니다. 자기 착취다. 졸리더라도 도서관에 가서 자는 것은 성실함이 아니다. 몸은 따라주지 않는데, 공부를 해야 시험을 잘 치를 수 있고 취직을 할 수 있다는 강박증일 뿐이다. 그 시간에 몸을 깨끗하게 씻고 푹신한 침대에서 편하게 잠을 충분히 잔 후, 책상 앞에 앉아 책을 펼친다면 어떨까. 참고 견디는 것은 삶을 피폐하게 한다.

정해진 스케줄에 따라 빠듯하게 시간을 쪼개 쓰는 것은 자랑거리가 못된다. 바쁜 것이 좋은 거라며 인생의 황금기를 방향 없이 바쁘게 생활한다는 것은 자랑이 아니다. 삶은 속도전이 아니다. 진정 자신이 원하는 일이 아닌 삶의 현장에서 바쁘다는 의미는 곧 자유가 없다는 것이고, 자유가 없는 삶이 행복할 수 없다. 세상은 하루가 다르게 변해가는데 변화의 흐름을 파악하지 못한 채 일에 파묻혀 자신을 돌보지 않는다면 현실의 늪에서 헤어 나오지 못할 가능성이 많아진다.

그대 자체는 곧 에너지이다. 인간은 에너지가 없으면 살지 못한다. 에너지를 가치 없는 데 쓴다는 것은 곧 그대의 삶 자체를 가치 없는 곳에 쓴다는 의미라는 것을 염두에 두어야 한다. 오늘 곰곰이 생각을 해보자. 지구 위에서 유일무이한 존재인 그대의 소중한 에너지를 써야 할 곳은 어디인가. 내일 당장 지구가 멸망한다고 하면 그대는 어디에 에너지를 쓸 것인가? 그대의 에너지는 곧 그대의 가능성이다.

인생에서 다시 못 올 젊음의 에너지를 써야 할 곳은 가장 소중한 것이 무엇인지 깨닫는 것이다. 무작정 성실하고 부지런함을 주특기로 앞만 보고 달려간 결과는 허무함과 후회만 남는다. 오늘은 그대의 성실함과 부지런함을 어디에 써야 할지 생각하는 날이다. 그대의 심장을 쿵쾅거리게 하는 일에 소중한 에너지를 아낌없이 써야 한다. 목적 없이 쓰인 성실함과 부지런함으로 20대를 탈진하게 하지 말고, 가장 소중한 일이 무엇인지 먼저 생각하고 행동하라.

인간의 심장은 뛸 수 있는 한계가 태어날 때부터 정해져 있다고 한다. 쓸모없는 일에 에너지를 소진하다가 진짜 가치 있는 일을 찾았는데, 에너지가 남아 있지 않다면 이것만큼 슬픈 일이 어디 있겠는가. 진짜 사랑하는 사람을 만났는데 살 날이 얼마 남지 않은 시한부의 인생과 무엇이 다르단 말인가. 생각 없이 살게 되면 사는 대로 생각하게 된다. 그대의 소중한 가치를 스스로 알고 있다면, 소중한 가치를 위해 자신의 에너지를 아껴라.

그대는 지금 성실하게 일하는 대신 소모품이 되어가고 있지는 않은가. 가장 눈부신 시기에 쏟는 시간과 에너지가 과연 그대의 꿈을 이루는데, 이상적인 인생을 살아가는 데 도움이 되는 일인가? 최선의 노력을 다하기 전해 반드시 먼저 깊게 생각하고 질문하고 꼼꼼히 따져보아라. 노력했는데 운이 나빠 실패하게 되었다고 변명하지 마라. 그대가 그토록 성실하게 노력했지만, 실패로 끝났다고 자책하는 것은 자신의 책임을 회피하려는 술수에 불과하다. 진정 자신이 원하고 가고자 하는 길에서의 실패는 꿈을 향해 가는 길에서 얻은 소중한 경험이다. 청춘의 가치와 시간과 에너지를 존중하라. ■

04.
노는 시간을 아껴서
미래를 준비해야 한다
⇒

노는 게
남는 거다

어린 시절, 그 시기에 맞는 놀이문화를 충분히 즐기지 못한 아이는 성인이 되어 피터 팬 증후군에 시달린다는 연구결과가 있다. 인생에서 거쳐야 할 필수 경험을 못하게 되면 그 기억은 절대 잊혀지지 않고 자신의 내면 깊숙이 간직된다는 것이다.

20대에 제대로 놀지 못하게 되면 30대에 놀게 된다. 30대에도 못 놀면 그 욕구를 40대에 채우고자 한다. 하지만 30대와 40대의 현실은 놀 여유가 많지 않다. 인생의 성취를 향해 최고의 속도로 달려야 하는 30, 40대에 놀게 되면 감수해야 할 희생도 그만큼 커진다.

마이클 잭슨은 팝의 황제였지만 유년시절부터 가수로 활동하느라 제대로 놀아본 적이 없었다. 우리가 기억하는 마이클 잭슨의 놀이공원이 딸린 저택, 피터 팬 증후군, 아동 성 추문 스캔들은 놀지 못한 유년시절을 보상받으려는데 그 원인이 있었다. 마이클 잭슨이 어렸을 때 다른 아이들처럼 충분히 놀았더라면 제대로 된 성장 과정을 거쳐 성인이 되었을 것이다. 어릴 적 충분히 장난감 등 그 시기에 맞는 놀이를 즐긴 아이는 어른이 되어서 장난감이나 때가 지난 놀이를 탐닉하지 않는다. 인간은 채우지 못한 욕구를 절대 잊지 않는다. 잊는 방법은 오직 한 가지. 그 욕구를 채우는 것뿐이다.

20대는 충분히 놀아두자. 여기서 논다는 의미는 방탕하게 지내라는 것이 아니다. 앞으로 전력 질주할 인생을 앞두고 쓸 에너지를 축적해 놓으란 이야기다. 건전하게 노는 방법을 연구하라.

노는 것도 앞으로 살아가는 데 필요한 중요한 경험이다. 이 경험을 20대에 하지 못한다면 삶에 진정한 풍요가 없다. 한참 놀아야 할 시기에 놀지 못하고 유치원에 다니는 아이를 생각해보자. 과연 그 아이가 행복하다 할 수 있을까? 유아기에 놀지 못한 아이는 정신병에 걸릴 확률이 높다. 과도한 사교육에 시달리는 아이들이 많이 사는 강남에 소아 정신과가 많은 것도 이 때문이다.

20대에 노는 방법을 모르고 신나게 놀지 못하면 30대나 40대에 가슴속에 공허함이 가득 차 방황하게 될 가능성이 많아진다. 또한 시간이 많은 노년에는 놀고 싶어도 젊은 시절처럼 한바탕 자신의 스트레스를

풀어야 할 에너지도 고갈되고, 인적 자원 또한 부족해진다. 시간이 남아돌아 어떻게 써야 할지 모르며 막막한 것이 바로 청춘 시절에 제대로 놀아보지 못한 채 늙어버린 노년이다. 나이 들어서 20대처럼 놀려고 해봐야 주위의 비웃음이나 살 뿐이다. 놀 수 있을 때 신나게 놀아라! 빛나는 청춘을 즐겨라!

노는 게 남는 거다. 놀이는 인생의 즐거움을 제공해준다. 즐거움은 인생의 에너지를 공급한다. 에너지는 성취를 이루는 원동력이다. 따라서 20대에 제대로 놀아보지 못한 사람은 그만큼 성취를 이룰 가능성도 적다. 잘 노는 사람이 행복하고 그만큼 사회적 성취도 이룬다는 이야기는 틀린 말이 아니다. 잘 놀아라! 인생이 즐겁다는 것을 온몸으로 느껴보아라! ■

05.
모든 것은
알맞은 때가 있다

⇒

알맞은 때란
없다

행동하기에 앞서서 자격 조건을 준비하는데 시간을 다 보내는 사람은 자격이 되었는데도 불구하고 다른 준비 조건을 만들어 도전하는 것을 미룬다. 취업도 마찬가지다. 스펙을 준비해야 하고 토익 점수를 준비해야 하고 자격증을 따는데 시간을 보냈지만, 취업이 안 된다. 그러다 이도 저도 안되겠으면 대학원에 진학한다.

　사회에 나가는 것을 유예하면 인생을 유예하게 된다. 알맞은 때는 스스로가 정하는 것이다. 세상의 모든 일은 알고서 시작하는 게 아니라 해보니까 알게 되는 것이다. 진짜 어른이 되는 기회를 미루지 말자. 결혼도 마찬가지다. 결혼하는데 알맞은 때는 남이 정해 주는 것이 아니다. 결혼할 사람이 생겼으면 결혼할 때가 되었다는 것이다. 그런데 결혼을 준비하느라 정작 결혼을 하지 못한다.

　남들만큼은 살아야겠다는 생각을 버려라. 남들만큼 사는 것은 중요하지 않다. 남들이 사는 만큼 좋은 집에 살아야 하고, 남들이 해가는 혼수만큼 해야 한다는 법은 없다. 그 남들만큼의 기준은 누가 정하는 것인가. 그 기준은 사실 기업에서 만든 마케팅에 불과하다. 기업을 배불려주는 남들만큼의 기준은 과감하게 배제하자. 그렇게 남들에게 보이고 싶은 인생을 살고 싶다면 남들 기준에 맞추지 말고 스스로 정한 행복의 기준을 만들어라. 그러면 남들이 그대를 부러워할 것이다.

자신이 행복한 사람은 타인도 사회도 행복하게 만든다. 그리고 그 행복은 철저하게 개인적이다. 인생의 모습이 제각각 다르듯 알맞은 때도 모두 다르다. 그러니 남들과 사회의 기준에 알맞은 때를 정하는 우를 범하지는 말자. 세상의 기준에 맞춰 알맞은 때를 기다리는 것은 행복을 마냥 기다리고 있는 것과 같다.

원하는 것을 얻기 위해서는 기다리기만 해서는 안된다. 과일이 먹고 싶으면 나무 밑에서 떨어지기를 기다리는 것보다 나무 위로 올라가서 따먹는 것이 훨씬 빠르다. 그대의 인생을 능동적으로 만들어라. 수동적인 사람은 그 자리에 머물러 있지만, 능동적인 사람은 성장한다. 먼저 성취하려면 먼저 경험해야 한다.

준비가 되지 않았다고 기다리는 것을 그만두고 때로는 실패할 수밖에 없는 상황일지라도 도전해야 한다. 지금 실패함으로써 배워야 할 것이 있다면 떨어질 것을 알면서도 벼랑으로 뛰어들어야 한다. 도전이야 말로 시간을 낭비하지 않게 한다. 20대는 도전이라는 투자를 한 만큼 비례해서 성취를 이룰 수 있게 된다. 준비만 하다가는 아무런 경험도 하지 못한 채 청춘을 흘려보내고 말 것이다.

준비만 하고 실전에 나가기를 연기하는 것보다 도전해서 얻은 실전에서 오는 경험이 최고의 스승이다. 그래서 준비만 하다가 도전을 미루고 있는 사람보다 도전해서 넘어지고, 실수하더라도 도전을 한 번이라도 더 하는 것이 이득이다. 도전한다는 것 자체가 실체를 알아간다는 것이기 때문이다.

만약 내가 글을 쓸 준비가 되지 않았다고 작가가 되는 것에 도전하지 않았다면 그대는 이 책을 읽고 있지 않았을 것이다. 엘론 머스크가 전기 자동차는 시기 상조라며 준비를 더 해야겠다고 생각했다면 테슬라 모터스라는 전기 자동차 회사는 존재하지 않았을 것이다. 오바마가 대통령이 되기에는 너무 젊은 나이라며 선거에 나가는 대신 대통령이 될 준비를 하고 있었다면 최초의 흑인 대통령은 없었을 것이다.

알맞은 때를 기다리지 말고 알맞은 때를 만들어라. 아무리 신이라도 그대가 원하는 것이 무엇인지, 그대의 길이 어디인지 알려주지 않는다. 무엇을 원하고 있는지 명확하게 신에게 알려드려라. 어떤 길로 가고 싶다고 자신 있게 이야기하라. 그래야 우리의 바람을 알아주신다. 원하는 바가 있다면 소리쳐라. 갈구하라.

장고는 악수다. 지나친 준비는 기회를 멀리 날려보낸다. 지금 이 순간에도 기회의 동아줄은 시시각각 내려오고 있다. 기회가 보이면 기회를 낚아채라! 언제까지 준비 타령을 하며 굴러들어온 기회들을 흘려보내기만 할 것인가. 준비된 자에게 행운의 여신이 오는 것이 아니다. 행운의 여신은 기회를 낚아채는 사람에게 간다. ■

악수의 예절

1. 악수할 때 남녀 모두 장갑을 벗는다. 여성은 팔꿈치까지 오는 긴 장갑을 끼었을 때와 거리에서는 장갑을 벗지 않아도 되지만, 남자는 아무리 추워도 오른쪽 장갑만은 벗어야 한다.

2. 상대가 악수하려고 손을 내밀고 있는데, 그제야 장갑을 벗으려고 하여 상대방을 기다리게 하기보다는 차라리 장갑을 벗지 못하는 것에 대해 양해를 구하고 장갑을 낀 채 악수하는 편이 낫다.

3. 유럽이나 라틴계 중남미 나라에서는 신사와 숙녀가 악수할 때, 남자가 부인의 손을 잡고 상반신을 앞으로 굽혀 정중한 태도로 손가락에 입술을 가볍게 대는 풍습이 있는데 이것은 부인에 대한 전통적인 인사법이다. 우아하고 멋이 있지만 젊은 사람들 사이에서는 점차 없어져 가는 풍습이다.

악수하는 순서

악수는 상호 대등한 위치에서 하는 인사이지만 먼저 청하는 데에는 나름대로 순서가 있다. 그 기준은 다음과 같다.

1. 여성이 남성에게

2. 윗사람이 아랫사람에게

3. 선배가 후배에게

4. 기혼자가 미혼자에게

5. 상급자가 하급자에게

* 그러나 국가원수, 왕족, 성직자 등은 이러한 기준에서 예외가 될 수 있다.

06.
실패는 가능한
피하는 것이 좋다

⇒

실패 없는 성공은
존재하지 않는다

20대는 경험이 많지 않기 때문에 머리로만 생각해서 판단하려는 경향이 있다. 그리고 그 머리로만 생각하는 데 많은 영향을 주는 것은 부모님이나 사회의 평판이다. 자신이 직접 경험한 바가 없기에 졸속으로 문제를 판단하려 한다. 하지만 그 판단은 본인의 것이 아니다. 사회의 판단일 뿐이다.

애플을 탄생하게 하게 한 개발자 스티브 워즈니악(Steve Wozniak, 1950~)은 스티브 잡스처럼 실패를 두려워하지 않는 저돌적인 성격이 아니었다. 그는 안정적인 직장에서 개발자로 일하기를 원했다. 스티브 잡스가 그의 능력이 꼭 필요해서 애플에서 일을 해주기 바랐지만, 워즈니악은 안정적인 조직인 HP(Hewlett-Packard Company)의 개발자로 남길 원했다. 스티브 워즈니악의 눈에 기반이 없는 신생 회사인 애플은 불안해 보이기 짝이 없는 회사로 보였기 때문이다.

결국 스티브 잡스는 벤처 업계의 거물을 설득하여 거액의 투자 유치를 약속받은 후 워즈니악의 부모를 찾아가서 자신의 비전과 워즈니악이 왜 필요한지를 집요하게 설득하고서야 스티브 워즈니악은 애플에 입사하기로 한다. 워즈니악은 부모의 판단에 따랐다. 결국 선택은 그가 한 것이 아니다. 워즈니악을 선택한 것은 그의 부모를 설득한 스티브 잡스다.

이런 인생 태도는 두 사람의 행보를 엇갈리게 한다. 스티브 잡스는 혁신의 아이콘이 되어 지구를 흔들어 놓았지만, 천재 개발자였던 워즈니악은 그냥 개발자로 남는다. 워즈니악의 활약이 없었더라면 초기의 애플이 이뤘던 혁신도 불가능했을 것이다. 그는 실력 있는 개발자였지만, 애플의 스톡옵션에도 관심이 없었다. 그는 부모로부터 항상 큰 욕망은 자제하라고 배웠기에 그 말을 실천하며 살아간다.

실패도 겪어봐야 실패의 정체가 무엇인지 안다. 실패가 무섭고 두렵다고 언제까지 실패의 경험을 미뤄두고 있을 것인가. 실패가 무섭고 두려울수록 실패를 경험해 봐야 한다. 실패는 20대의 특권이다. 실패를 마음껏 해도 되는 시기가 20대다.

20대에 실패의 아픔을 뼈저리게 느껴보지 않는다면, 30대? 40대? 50대? 나이가 들면 들수록 실패하면 회복하기가 어려워진다. 20대의 잦은 실패와 도전은 남은 인생을 값지게 하는 거름이다. 자전거도 넘어져 봐야 타는 방법을 알고 수영도 물을 먹어봐야 앞으로 나아가는 방법을 깨닫는다. 넘어지는 것이 싫어서, 물먹는 게 싫어서 팔짱만 끼고 가만히 있다면 영원히 자전거를 탈 수 없고, 수영도 할 수 없게 된다. 실패가 싫어서 물러서기만 한다면 실패가 주는 많은 기회로부터 소외된다. 이런 태도를 유지한다면 30, 40대에는 인생이 그대에게 실패를 경험하지 않은 책임을 묻게 될 것이다.

실패는 성공을 위한 준비된 경험이다. 실패는 성공을 위해 미리 지불해야 하는 요금이다. 그래서 인생은 선불제다. 성공하기 위해서는 실패라는 요금을 먼저 지불해야 한다. 이 요금이 아까워 지불을 망설이고 있다면 성공이라는 버스에 탑승할 수가 없다. 아기가 걸음마를 하기까지는 약 2천 번을 넘어진다는 사실을 기억하자. ■

07.
나이 든다는 것은
슬픈 일이다

⇒

나이 든다는 것은
멋진 일이다

나이가 들어 슬프다는 넋두리는 꿈이 없고 이룬 것 없이 나이만 먹은 사람들이 하는 대표적인 신세타령이다. 20대에 실컷 도전해보고 실패해보고 놀아본 사람들은 20대를 그리워하지 않는다. 20대에 해야 할 경험을 하지 않으면 당연히 20대로 돌아가고 싶다. 젊을 때 해야 할 일을 하지 못했는데 어찌 나이 드는 게 슬프지 않을 수가 있을까.

　반면 20대에 치러야 할 일을 모두 해치운 사람은 나이 들어감을 편안하게 여긴다. 오히려 나이가 들어갈수록 멋진 성취를 이뤄가기 때문에 초라했던 20대를 그리워하지 않는다. 그들의 20대는 수없이 깨지고 넘어지고 상처받고 또다시 일어났기에 오늘이 존재한다. 구할 수 있다면 성공한 사람들의 20대 사진을 한번 찾아보아라. 행색은 초라하기 그지없지만, 눈빛만은 빛나고 있을 것이다.

　월마트의 창업자 샘 월튼의 20대는 실패로 얼룩졌다. 그는 무일푼의 잡화점 점원이었는데, 소매업에 미래가 있을 것을 예상하고 시골 마을에 작은 잡화점을 열게 된다. 샘 월튼은 누구보다 정열적이고 소매업의 가치에 대해 잘 알고 있었기에 그의 상점은 나날이 번창하게 된다. 그러나 샘 월튼의 피와 땀의 결정체인 잡화점을 건물주에게 통째로 빼앗기게 된다. 하지만 샘 월튼은 거기서 주저앉지 않았다. 계약서를 잘못 쓴 자신의 잘못을 다시는 되풀이하지 않겠다는 교훈을 얻고 다시 잡화점을 열게 된다.

뼈아픈 20대를 보낸 샘 월튼이 20대를 그리워할까? 나이 들어간다는 사실을 슬퍼하고 있었을까? 가진 것은 열정밖에 없었던 풋내기 시절로 결코 돌아가고 싶지 않을 것이다. 후회하는 인생을 살지 않기 위해서는 끝을 보아야 한다. 자기 자신에게 솔직해져야 한다. 자신이 좋아하는 것을 존중해야 한다. 끝까지 하고 싶은 일을 추구해 보아라. 그 끝은 아득히 먼 미래가 아닐지도 모른다.

지독하게 많은 경험을 하고 끝까지 부딪혀본 경험이 있는 사람들은 20대는 다시는 돌아가고 싶지 않은 시간이라는 고백을 한다. 왜 이들이 이구동성으로 같은 이야기를 하는 것일까? 최선을 다하는 사람에게는 미련이 남지 않기 때문이다. 자신을 모두 태워버릴 정도로 열정을 쏟은 사람에게는 다시 태울 열정이 남아 있지 않기 때문이다.

20대에 실컷 실패를 경험하고, 20대에 실컷 방황해보고, 20대에 수없이 넘어져 본 사람은 20대를 그리워하지 않는다. 오히려 나이가 든 현재의 모습을 자랑스럽게 여긴다. 20대의 얼룩진 상처를 발판 삼아 성취를 이룬 나이 들어가는 자신의 모습에 당당하다. 끝까지 가본 사람은 가지 못한 길을 후회하지 않는다. ■

08.
나를 가장 잘 아는 것은
부모님이다

⇒

부모님은
자식에 대해서
잘 모른다

어른들로부터 인정받고 사회로부터 인정받는 것이 최고라는 사고방식은 어린아이의 사고방식을 벗어나지 못했다는 증거다. 스스로 만든 가치나 철학이 없기에 사회의 기준, 부모님의 기준을 그대로 답습하려 하는 것이다. 마치 학창시절 좋은 성적을 받으면 선생님과 부모님의 칭찬을 기대하는 아이처럼 말이다. 그래서 성인이 되어 스스로 결정을 할 수 있는 나이가 되었는데도 끝없이 시험 성적으로 자신을 증명하려고 하는 것이다.

　자신의 가치는 시험 성적이 아니다. 가치는 스스로 만들어가는 것이다. 이 세상에는 시험에 특화된 사람도 있지만 아닌 사람이 더 많다. 자신이 누구인지는 알아보려 하지도 않고 사회나 부모가 기대하는 인간으로 자신을 끼워 맞춰버린다. 우리는 알게 모르게 부모의 사고방식이나 생활방식을 모방한다. 그러나 20대는 사회적으로나 인격적으로 스스로 자신의 앞길을 헤쳐나가야 할 성인이다. 부모를 뛰어넘는 존재가 되어야 할 시기이다.

부모님이 학교도 정해주고, 전공도 지정해주고, 회사도 추천해주며, 배우자까지 정해준 인생을 맹목적으로 순응하며 사는 것이 진짜 효도라고 생각하는가? 정말 그대에 대해서 가장 잘 아는 것이 부모님일까?

아니다. 부모님은 심지어 자기 자신에 대해서도 잘 모르신다. 진짜 자신을 아는 사람은 자신의 가치를 남에게 강요하지 않는다. 아무리 자식이라도 말이다. 그것이야말로 진짜 자신을 만나는데 커다란 방해가 되는 요소임을 잘 알고 있기 때문이다.

세상에서 가장 나를 잘 아는 사람은 바로 나다. 인생의 길에는 수많은 선택지가 있다. 자기 앞에 놓인 선택지를 자신의 주관으로 스스로 선택하지 않으면 실패도, 성공의 경험도 하지 못하게 된다. 인생의 키를 나 아닌 다른 사람에게 넘기지 말자. 그렇게 되면 평생 남의 결정에 끌려다니는 사람이 되어버린다. 자신의 인생은 스스로 선택하자.

그대가 진정한 어른이 되길 원한다면 하루빨리 부모님으로부터 정신적으로 독립하라. 부모님과 그대는 다른 인격체다. 직장에 다니면서 돈 관리까지 부모님께 맡겨버린다면 경제적으로 도전할 기회도, 실패할 경험도 모두 포기하는 꼴이 되어버린다.

스웨덴의 주식시장 시가 총액의 40%를 차지하고 있는 기업이 있다. 금융, 건설, 항공, 가전, 통신, 제약에 이르기까지 14개의 대기업을 소유하고 있는 발렌베리 가문이다. 발렌베리 가문은 150년 동안 5대에 걸쳐 경영권을 세습하고 있는 가족 경영 체제를 구축했다. 하지만 발렌베리 가문의 장남으로 태어났다고 해서 무조건 경영권을 물려받는 것은 아니다. 경영에 적합한 사람이 있는 경우에만 경영권을 물려받을 수가 있다. 발렌베리의 후계자 선정 조건은 혼자 힘으로 대학을 졸업할 것, 군대에서 강인한 정신력을 기를 것, 부모의 도움 없이 금융의 중심지에서 공부해서 10년 넘게 실무 경험을 쌓는 것이다.

발렌베리 가문의 부모들은 자식 교육의 경험이 없어서 경제적인 원조를 해주지 않는 걸까? 그렇지 않다. 오히려 부모로부터 빨리 독립하는 것이야말로 성공의 지름길임을 잘 알고 있었다. 이렇게 독립적으로 성장한 발렌베리의 후계자들은 재벌 가문의 일원으로서의 안락한 삶을 선택하지 않는다. 그들은 노동자들을 경영 파트너로 삼고, 이익의 85%를 법인세로 납부하고 있다. 발렌베리 가문은 재벌의 특권 대신 사회적 책무를 선택한다. 무려 150년 동안이나 말이다.

성인이 된다는 것은 스스로 선택할 자유가 있음을 의미하고 선택에는 반드시 책임이 따른다. 책임에 대한 실패도 성공도 모두 자신이 책임져야 한다. 자율에는 책임이 따른다.

현명한 부모는 자녀들에게 선택의 자유를 준다. 진정한 창의성은 자율로부터 나온다는 것을 알고 있기 때문이다. 하지만 부모의 선택만을 전적으로 신임하는 자식은 실패와 성공을 경험해 본 적이 없는 나약한 온실 속의 화초로 살아갈 수밖에 없게 된다. 부모의 사고방식과 가치관을 아무 비판 없이 수용하는 것은 진정한 어른이라 할 수 없다. 익숙한 사고와 믿음으로부터 탈피해야 진정한 성인이 될 수 있다.

강한 어른이 되기 위해서는 스스로 하늘을 날 줄 알아야 한다. 어떤 방법으로 날 것인지는 본인이 직접 탐색하고 선택하라. 다른 사람이 내 인생을 살아줄 수 없듯이 경험도 대신 해줄 수 없다. 다른 사람의 경험으로부터 파생된 가치관은 나의 가치관이 아닌 남의 가치관이다. 수많은 경험을 하고 자신의 인생철학을 만들며 살 것인가. 부모님이나 사회가 주입한 가치에 따라 꼭두각시처럼 살 것인가. ■

바른 말씨와 어휘의 선택

1. 높임 말씨 : ~하세요

'시', '세', '셔'가 중간에 끼어서 어른에 대한 존댓말이 된다. 예

2. 반높임 말씨 : ~하오

말의 끝맺음이 '오', '요'로 끝나는 말이다. 이것은 존댓말이 아니고 보통 말씨나 낮춤 말씨를 써야 할 상대이지만 잘 아는 사이가 아닐 때 쓰는 말이다.

3. 보통 말씨 : ~하게

친구 간이나 아랫사람이라도 대접해서 말하려면 보통 말씨를 쓴다. 말의 끝맺음이 '게'와 '나'로 끝난다.

4. 반낮춤 말씨 : ~해

낮춤 말씨를 써야 할 상대이지만 그렇게 하기가 거북하면 반낮춤 말씨를 쓰는데 이것을 '반말'이라고도 한다.

5. 낮춤 말씨 : ~해라

잘 아는 아랫사람이나 아이들에게 쓰는 말이다.

6. 절충식 말씨 : ~하시게

보통 말씨를 써야 할 상대를 높여서 대접하기 위해 높임 말씨의 '시', '셔'를 끼워 쓴다

7. 사무적 말씨

말의 끝이 '다'와 '까'로 끝나는 말로 직장이나 단체생활에서 많이 쓰인다.

8. 정겨운 말씨

앞에 말한 사무적 말씨와 반대되는 말씨로서 말끝이 '요'로 끝난다.

9. 존대 어휘

존대 어휘란 같은 말이라도 명사나 동사에 웃어른에게 쓰는 어휘가 따로 있음을 말한다. 위에서 말한 모든 말씨는 말끝을 어떻게 하느냐는 것이고, 어휘는 명사와 동사에 관한 것이다.

09.
개천에서 용이 나는 건
옛날이야기다

⇒

시대와 상관없이
언제나 개천에서
용은 탄생했다

과거엔 '개천에서 용 난다.'라는 소리가 이곳저곳에서 들려왔다. 현실이 아무리 어렵고 힘들지라도 열심히 노력하면 성공할 수 있다는 희망의 뜻이었다. 그러나 지금은 '개천에서 용이 나지 않는다.'고 한다. 아무리 노력해도 이제는 현실의 벽을 무너뜨리는 것은 힘들다는 이야기다.

이런 절망적인 이야기를 누가 만들었는지 궁금하지 않은가? 희망을 꺾어버리고 없는 자에게 가능성을 차단하는 이런 이야기는 기득권층이 만든 불순한 의도가 숨어 있는 헛소리이니 신경 쓸 필요가 없다. 용은 끊임없이 개천에서 탄생한다.

스티브 잡스는 입양아였고, 그의 양부모는 노동자 계층이었다. NC 다이노스의 구단주이자 엔씨소프트의 창립자인 김택진은 부친의 사업 실패로 힘겨운 유년시절을 보냈다. 손정의는 재일교포 3세에 무허가 건물의 판자촌 출신이었다. 카카오의 김범수 의장은 가난한 집 5남매

의 장남으로 태어났다. 이들이 개천의 용이 아니라면 어떤 말로 이들의
자수성가를 설명할 수 있겠는가.

나는 묻고 싶다. 그대는 번지수도 없는 무허가 판자촌 출신인가, 찢
어지게 가난한 집안의 5남매의 장남인가, 태어나자마자 부모에게 버림
받고 양부모에게 키워졌는가?

대부분 지금의 20대들은 그대들이 존경하고 열광하는 앞에 설명한
인물들에 비한다면 비교적 안락한 환경에서 성장했을 것이다. 그런데
도 불구하고 왜 사람들은 환경 탓을 하면서 개천에서 나는 용 타령을
하는 것일까.

사회의 기득권층들은 평범한 사람들이 자신들과 같은 신분으로 올
라오는 것을 용납하지 않는다. 그러기에 심리적으로 구조적으로 평범
한 사람들이 자신들을 향해 올라오는 사다리를 제거하려는 심리가 있
다. 이 심리적인 세뇌 교육은 앞으로도 끊임없이 자행될 것이니 절대로
이런 부류의 이야기를 곧이곧대로 믿으면 안 된다. 생각하는 힘을 잃는
순간 인간의 존엄성도 함께 박탈당한다.

부모가 많은 것을 이루어 놓은 상태라면 자식이 성취할 몫은 그만
큼 줄어든다. 그래서 현명한 부모는 경제적 풍요를 자식에게 대물림하

지 않는다. 오히려 그들이 자식들에게 물려주고자 하는 것은 결핍이다. 결핍을 경험해 보아야만 성취에 대한 욕망도 생겨나기 때문이다. 용은 항상 개천에서 탄생했다.

개천에서 용을 탄생시키는 것은 부모의 경제력이 아니라 본인의 의지와 비범한 사고방식이다. 사회가 아무리 극단으로 치닫고 있어도 세상에 가치 있는 생각을 베이스로 한 독특한 콘텐츠나 물건을 만들어서 사람들을 행복하게 해준다면 그것이 바로 용의 탄생인 것이다. ■

10.
평범하게 사는 것이
행복이다

⇒

평범함은
곧 죄악이다

신자유주의 자본주의 사회에서 평범함은 곧 힘겨운 삶을 의미한다. 거의 모든 사람이 중산층이었던 시대는 막을 내리고 있다. 세계는 갈수록 양극화될 것이며 20대의 빈곤과 취업난은 우리나라만의 이야기는 아니다. 우리나라에 88만 원 세대가 있다면 유럽에서는 1,000유로 세대, 일본은 소비와 여행에 관심이 없는 20대를 두고 해탈 세대라고 부른다.

평범한 것이 가장 힘든 것이다. 이 말은 평범 근처까지 올라가는 삶을 쟁취하기가 어렵다는 의미가 아니다. 평범하게 산다는 것은 각종 개미지옥에서 벗어나지 못하는 것을 의미한다. 허니문 푸어, 육아 푸어, 하우스 푸어, 에듀 푸어, 실버 푸어로 이어지는 개미지옥의 레이스에서 벗어나고 싶다면 평범한 삶을 거부하라.

교육과정에 맞추어 대학 입학 - 회사 입사 - 승진을 거듭해 부장으로 퇴사 - 퇴직금으로 치킨집 창업 - 그다음은? 별다른 기술 없이 창업한 자영업의 평균 생존기간은 3년 미만이라는 통계가 있다. 이것이 대한

민국에서 평범함을 추구한 사람의 길이다. 회사나 사회가 개인을 책임져 주지 않는 대한민국에서 어떻게 평범함으로 승부를 겨루려고 하는 것인가.

직업을 선택할 때는 진정으로 그 일을 원하고 즐길 수 있느냐가 우선이다. 좋아서 하는 일이기에 간혹 힘들고 실수해도 자기반성의 시간을 갖고 또 도전하며 변화한다. 시간이 지나면서 경제적 보상이 뒤따른다. 좋아서 하는 일이기에 즐겁다. 인생이 행복하다는 것이다.

사람들이 그렇게 갈망하는 고스펙, 전문직의 삶도 개미지옥 레이스에서 쉽사리 벗어날 수 없는 것이 현실 세계이다. 90년대까지만 해도 명문대 졸업장과 전문직 타이틀은 풍요로운 삶을 보장해주는 강력한 무기였다. 그것은 개발도상국의 특징인 명예와 권력과 돈이 함께 따라오던 사회였지만 IMF 직격탄을 맞고 사회의 양상이 한순간에 바뀌어 버렸다. 폐업하는 병원이 속출하고 변호사도 공급 과잉의 시대에 접어들었다. 전문직 자격증만으로는 다른 삶을 기대하기 어려운 여건이 되어가고 있다.

20대는 무엇을 경험해 보아도 좋고 무엇을 꿈꿔도 좋다. 이렇게 마음대로 도전할 기회는 길어봤자 30대 초반까지다. 30대 중반에 들어서면 사회적인 의무가 기다리고 있다. 30대 중반부터는 깨달을 것이다. 왜 평범한 것이 힘든 것인지 말이다. 그리고 15년 전 평범함을 추구했던 스무 살의 날들을 후회할 것이다.

그대는 후회하는 30대가 그렇게 돌아가고 싶어 하는 20대가 아닌가. 황금을 손에 쥐고 무엇이 두려운가. 끝까지 비범함을 추구하라. 남과 다른 내가 되어라. 이 세상에 태어난 대부분의 사람은 자신의 재능을 모른 채 생을 마감한다. 얼마나 많은 사람이 자신의 재능을 발견하지 못한 채 살아가고 있는가. 그대는 타고난 재능을 발견하길 바란다. 그대 안에 숨겨져 있는 비범함을 발견하고 작동시킬 사람은 오직 그대뿐이다. ■

힐링을 추구하지 말고 현실을 똑바로 봐라

11.
세상 돌아가는 것을 알아보려면 인터넷을 해야 한다

⇒

인터넷은 세상 돌아가는 것을 알려주지 않는다

궁금한 것이 있으면 인터넷 검색보다는 스스로 생각부터 해보는 시간을 갖자. 인터넷에는 그대가 원하는 정답이 있던가? 그 답이 과연 정답이 맞기는 한 걸까? 만약 궁금한 것을 인터넷을 찾아보는 대신 도서관에서 책을 찾아보면 어떤 대답이 나와 있을까?

편하게 얻은 것은 내 것이 되지 못한다. 궁금한 주제에 관해 단편적인 지식을 찾으려면 인터넷에 나와 있겠지만, 실제 세상은 그리 단편적이지도, 간단하지도, 정답이 있는 것도 아니다.

10대 시절처럼 궁금한 것을 간편한 인터넷 검색으로 해결하려 든다면 그대의 의식 수준은 10대다. 거기서 더는 발전하지 못한다.

인터넷 뉴스를 끊임없이 접해야만 세상의 정보를 알 수 있다고 생각하는가? 세상이 다 아는 정보는 이미 정보가 아니다. 그대는 정보도 아닌 정보를 정보라고 믿으며 눈이 새빨개지도록 스마트폰을 쳐다보고 있지는 않은가.

구글의 CEO인 에릭 슈미트는 인터넷을 끄고 진짜 세상을 보라고 강조하고 있다. 진짜 세상은 인터넷에 들어 있지 않다. 진짜 세상을 보려면 책을 펼쳐보아라. 거기야말로 진짜 세상이 들어 있다. 고급 정보를 얻고 싶다면 인터넷이 아닌 책을 읽어라. 책에는 동서고금을 망라한 온갖 정보가 다 들어 있다. 인류가 남긴 지혜의 정수가 그대의 것이 될 것이다.

궁금한 것을 인터넷으로 검색해 보는 것은 중학교 2학년 1반인 민수가 2학년 2반 재민이에게 인생의 조언을 구하는 것과 마찬가지다. 인터넷은 검증되지 않은 단편적인 정보가 범람하는 곳이다. 그런 곳에서 검색하느라 시간 낭비를 해서 얻는 것은 고작 옆 반 친구도 알고 있는 사실을 확인하는 것뿐이다.

인터넷으로 검색하는 행위는 경험을 제공해주지 않는다. 반면에 스스로 답을 구하는 것은 경험이다. 그 답이 맞을 수도 있고 틀릴 수도 있지만 중요한 것은 결과가 아니라 여정이다. 모르는 길을 헤매서 목적지를 찾아간다면 다음번에는 길을 헤매지 않게 된다. 답을 구하는 것도 마찬가지다. 방구석에서 인터넷에 몰입하고 있는 것은 경험이 아니다. 인터넷 서핑 말고 진짜 경험을 해라.

인터넷으로 이것저것 검색해 보고 있다는 것 자체가 수동적인 성향이라는 것을 의미한다. 남이 만들어 놓은 답 말고 내가 찾을 수 있는 답을 모색해보자. 사실 검증을 위해 무조건 스마트폰 검색창부터 여는 습관은 이제 그만두도록 하자. 인생은 인터넷 검색처럼 딱 들어맞는 정답으로만 사는 것은 아니다. 인터넷을 검색하는 대신 그대의 내면을 검색해보는 것이 어떨까. 남이 만들어놓은 답을 구하기보다도 자신을 한번 되돌아보는 것이 어떨까. ■

12.
친구는 소중하다

⇒

지금 만나는 친구 중
열에 아홉은
십 년 후
연락도 안 하고 산다

아무리 죽고 못 사는 친구 사이여도 십 년 후에는 일 년에 한 번 얼굴 보기도 어려워진다. 다들 사는 게 바빠서라고 하는데 사실 인간은 끊임없이 변하는 존재이기 때문이다. 20대는 힘들고 지칠 때 이야기를 들어줄 상대가 친구밖에 없다고 생각한다. 무슨 일만 있어도 전화를 붙잡거나 술을 마시며 하소연하기 바쁘다.

　20대는 또래 집단을 벗어날 때이다. 과감하게 친구들과 잠시 결별하고 다른 세상을 경험해 보라. 또래 집단에서만 머무르는 사람은 더는 발전이 어렵다. 나이가 비슷하면 경험치도 비슷하고 사고방식도 비슷하기 때문이다.

　20대에는 감히 다가서기 어려운 어른도 만나보아야 하고 자신보다 처지가 어려운 사람의 마음도 헤아려 보아야 한다. 하지만 날이면 날마다 또래들과의 만남에 치중하는 20대는 우물 안 개구리가 될 수밖에 없다. 이제 그만 친구라는 정의를 나이가 비슷한 또래라는 껍질을 과감하게 벗어던질 때가 온 것이다. 10대의 사고방식에서 벗어나지 못한 친구들과는 어울리는 것을 그만두어라. 한두 살 차이만 나도 선배 혹은 누나 언니 형이라고 부르며 거리를 두는 것은 10대의 사고방식이다. 나이가 어린 사람과도, 나이가 많은 사람과도 생각만 맞으면 친구가 될 수 있다.

그대를 둘러싸고 있는 또래를 벗어날 수 없다면 우물 안의 개구리 생활을 탈피하기가 어려울 것이다. 나와는 전혀 다른 세계에 사는 사람을 만나 봐야 시야가 트이게 된다. 그러면서 자신을 객관적으로 볼 수 있는 눈이 생길 것이다. 특히 인생을 멋지게 사는 선배들을 만나보아라. 그대의 꿈을 먼저 완성한 어르신들도 직접 만나보아라. 그런 사람을 만난다는 것 자체가 꿈을 향한 여정에서 자신이 지금 어디쯤 서 있는지 확실하게 깨달을 수 있을 것이다.

낯선 곳으로의 여행은 두렵지만, 가슴 설레는 기쁨을 준다. 새로운 사람을 만나면 다른 세상의 이야기를 듣고 그들과 교류하는 가운데 새로운 세계가 보인다. 우리는 익숙한 사람보다는 새로운 사람들로부터 더 많은 것을 배운다. 20대는 객관적인 시선으로 자신을 볼 줄 알아야 한다. 30대의 시선으로, 40대의 관점으로, 50대의 마음으로 나를 보는 것이 가능해야 한다.

직접 그들을 만나기 어렵다면 책이라는 도구를 활용하면 얼마든지 다양한 사람들을 만날 수 있다. 그것도 일대일로. 마음속 깊은 이야기까지 털어놓으며 말이다. 바로 몇 년 후 내가 될 30대가 쓴 책을 읽어보고, 사회에서 왕성하게 활동할 나이인 40대가 쓴 책을 읽어 보고, 퇴직을 앞둔 50대가 쓴 책도 읽어 보자. 죽음을 앞둔 사람의 이야기도 읽어 본다면 인생의 본질이 무엇인지 알게 될 것이다. 또래와 어울려 다니는 시간보다 훨씬 의미 있는 선택이 될 것이다. ■

13.
영어공부와 헬스는 자기계발이다

⇒

영어 공부와 헬스는
시간 보내기용
처방이다

영어는 이제 계층 분리 수단이 되지 못한다. 토익이 아무리 고득점이라 할지라도 그것은 그냥 점수일 뿐이다. 영어를 유창하게 구사하는 사람은 평일 대낮에 강남 커피숍에 가면 흔하게 볼 수 있다. 왜 그렇게 영어를 자유자재로 구사하는데 안정적인 직업도 없이 커피숍에서 한가한 시간을 보내며 삶을 살아가고 있을까? 외국어 능력은 단지 외국어를 잘 구사하는 것일 뿐이다. 문제는 그대가 영어를 못한다는 것에 있는 것이 아니라, 영어를 잘하지 못하는 것에 대한 자격지심이다.

영어가 절대적으로 필요하고 영어를 사랑한다면 영어를 빨리 해치우고 다른 것을 해라. 언제까지 영어 공부한답시고 책 하나 사놓고 몇 년을 보고 학원 두세 달 다니고 그만두는 패턴을 반복할 것인가. 영어가 싫고 어학에 관심도 소질도 없다면 영어 공부할 시간에 그대가 좋아하고 잘할 수 있는 것에 몰두해서 영어 같은 것이 그대를 평가하는 기준이 되지 못하게 하라.

1년 중 자기 계발 욕구가 가장 큰 시기가 1월이다. 1월만 되면 영어 학원이나 헬스클럽에 등록하는 사람들로 문전성시를 이룬다. 그런데 그 많은 사람이 3월이면 거의 사라져 버리고 보이지 않는다. 영어 공부와 헬스에 끝까지 몰두한다 해도 그대가 원하는 삶을 살게 해주거나 사회적인 성공을 보장받는 것과는 아무런 상관관계가 없다. 영어 구사 능력은 많은 업무 능력 중 하나이고 헬스클럽을 열심히 다니면 체중 감소와 체력 향상에 따른 자기만족이 전부다. 더 이상은 없다.

영어 구사 능력이 사회적 성공을 보장해 준다면 영어권에 사는 원어민 수준으로 영어를 잘하는 해외 교포들은 모두 우리나라에서 취업을 원할 것이다. 하지만 현실을 그렇지가 않다. 영어를 잘하는 사람은 이미 차고 넘친다. 일본어 능력 시험(JLPT)은 비교적 단기간에 취득할 수 있는 어학시험이다. 일본어 능력 시험 1급을 패스한 수많은 사람을 보아왔지만 그들의 인생은 달라진 것이 없다. 외국어를 하려면 순수하게 언어를 사랑하라. 보상을 바라지 않고 열정을 보인다면 인생이 풍요로워질 것이다. 단지 스펙 한 줄 늘여 보겠다고 시작한 외국어 공부는 재미없고 지루하고 시간만 낭비될 뿐이다.

외국어와 헬스클럽에 바치는 시간과 에너지를 의식 구조 개혁과 사고방식을 변하게 하는데 써보아라. 최고로 값진 20대를 보내게 될 것이다. 인생에서 중요한 것은 외국어 시험 점수 스펙 한 줄을 적어 넣는 것이 아니다. 정말 필요한 것은 자신 자신을 똑바로 알고 획일화된 사고방식에서 탈피하는 것이다. ■

14.
직업 선택 기준은 연봉이다

$\Rightarrow$

직업선택의 기준은 적성이다

직업을 선택할 때 적성을 고려하지 않는 것은 자신을 부정하는 것과 같다. 사람은 누구나 다르다. 자신이 가장 잘할 수 있는 것으로 직업으로 삼은 사람은 천복을 누린다.

　마이클 조던이 회사원으로 살았다고 생각해보자. 마돈나가 간호사로, 스티브 잡스가 선생님으로, 빌 게이츠가 영화배우가 되었더라면? 생각만 해도 끔찍한 일 아닌가. 그들이 그런 삶에 만족했더라면 우리에겐 에어 조던을 볼 기회도 라이크 어 버진을 노래방에서 신나게 부를 일도, 아이폰도, 윈도우도 쓰지 못했을 것이다.

　흔히 직업에 적성을 맞추라는 말을 많이 듣는다. 직업에 적성을 맞추는 순간 나는 사라지게 될 것이다. 본인 고유의 특징, 나라는 사람의 정체성은 자신이 알아주지 않으면 그 누구도 알 수가 없다. 자기 자신으로 살아가지 못하게 되면 그것만큼 불행한 것이 없다. 자기 자신을 바꾸려고 노력하지 마라. 대신 진정한 자기 자신을 만나라. 나 자신을 아는 것은 어려운 일이기도 하지만 그렇기에 가치 있다.

신은 인간을 만들 때 모두 다른 얼굴과 다른 특성, 다른 적성을 주셨다. 인간이 누구나 비슷하다면 기계나 로봇과 다를 바가 없을 것이다. 인간이 인간으로서 존엄한 것은 각기 다른 본인만의 특질 때문이리라. 인간은 모두 고유한 존재이고, 나와 똑같은 사람은 없다.

그대는 오직 단 하나의 존재이다. 그리고 그대가 가지고 있는 능력 또한 그럴 것이다. 이 능력은 신이 인간의 깊숙한 곳에 숨겨 두었다. 이 것을 찾아내는 것이 그대가 태어난 목적이다. 자신의 고유함을 포기하지 말길 바란다. 자신만의 고유한 특질을 파악하고 발전시킨다면 인생에서 승리를 거둘 수가 있다. 세상에 흔하지 않고 귀한 것은 귀하게 대접받기 때문이다.

다른 사람을 흉내 내려고 하는 순간, 자신의 가치는 떨어진다. 유일무이한 존재가 되는 걸 거부했기 때문이다. 다른 사람을 흉내 내려 하는 사람은 차고 넘친다. 다른 사람이 되려 하지 말고, 다른 사람으로 하여금 자신을 흉내 내게 하라. 많은 사람에게 영향력을 미치는 워너비가 되라.

하지만 단지 돈을 최우선의 가치로 여긴다면 워너비도 그 무엇도 될 수 없다. 물질만을 탐욕스럽게 추구하는 사람은 누가 보아도 아름답지 않다. 그대가 누구인지 스스로 알아낼 수만 있다면 경제적인 번영은 자동으로 따라붙게 된다. 우리는 자본주의 사회에 살고 있고, 자본주의는 가치를 돈으로 환산하는 시스템이기 때문이다. 그대가 가치 있는 일을 하고 그 가치로 여러 사람을 즐겁게 하거나 도움을 주었다면 그만큼 경제적인 대가를 받게 되어 있다. 그러니 돈 문제는 고민하지 마라. 세상에 재미있는 일을 하면서 돈까지 버는 직업은 많다. 그대가 일을 대하는 눈빛만 보아도 사람들은 일을 재미있어하는지 그렇지 않은지 단박에 알아챈다. 돈이 목적인 일은 오래가지는 못한다.

적성에 맞는 일을 하다 보면 천직을 발견할 기회가 많아지게 된다. 하지만 사람들은 적성이나 천직을 찾는 것을 너무 쉽게 포기하는 경향이 있다. 그대가 가지고 있는 능력을 가장 잘 쓸 수 있는 것을 발견하라! 이것이야말로 인생의 사명이다.

작가 이외수 씨가 한 말이 있다.

"어느 분야에서든 일인자가 되면 먹고살 걱정은 없는데, 정작 사람들은 일인자가 될 생각은 안 하고 돈을 벌 생각만 한다고 한다."

일인자가 되려면 어떻게 해야 할까?

상식적으로 생각해 보아도 적성에 맞는 일을 하는 것이 일인자가 되는 지름길이다. 계산기 두드리지 말고, 저울질하지 말고 가슴이 시키는 일을 찾아라.

어떻게 하면 돈을 벌까 고민하지 말고 어떻게 하면 천직을 찾을 수 있을까 궁리해라. 어떻게 하면 먹고살 수 있을까를 고민하지 말고 어떻게 하면 가치 있는 일을 할 수 있을까 생각하라. 가장 잘할 수 있는 일이 천직이 된다. 그래야 자신에게 가치 있는 일을 할 수 있다. 평생 일을 하면서 살아가는 것이 운명이라면, 재능 있고 가치 있고 재미있고 성공할 수 있는 일을 해라. 신나는 일만 하기에도 인생은 그리 길지 않다. ■

말을 하는 예절

1. 상대와의 관계, 위계 등을 파악한다.

2. 사용해야 할 말씨와 어휘 선택을 결정한다.

3. 감정을 평정하게 갖고 표정을 부드럽게 짓는다.

4. 자세를 곧고 반듯하게, 공손하고 의젓하게 가다듬는다.

5. 대화 장소의 환경과 합석한 사람의 성격을 참작해서 화제를 고른다.

6. 조용한 어조, 분명한 발음, 맑고 밝은 음성, 적당한 속도로 말한다.

7. 듣는 사람의 표정과 눈을 주시해 반응을 살핀다.

8. 상대가 질문하면 자상하게 설명하고, 이견을 말하면 성의 있게 듣는다.

9. 양해를 구해 말하기 시작하고 끝맺음을 분명히 한다.

10. 표정과 눈으로도 말한다는 마음가짐으로 진지하게 한다.

11. 말이 끝나면 끝까지 들어준 것에 감사의 뜻을 표현.

12. 남의 이야기 중에 무리하게 끼어들거나 남의 말허리를 끊지 말아야 한다.

13. 화제를 급격히 바꾸지 말고 말에 조리가 있어야 한다.

14. 같은 말을 되풀이하지 말고 간결하고 요령 있게 한다.

15. 자기 지식만 생각해 상대가 알아듣지 못할 외국어나 전문용어를 쓰지 않아야 한다.

15.
20대의 성공은
멋진 것이다

$\Rightarrow$

20대의 성공은
독이다

누구나 젊었을 때 컨버터블 스포츠카의 오너가 되는 것을 꿈꾼다. 누구나 젊은 시절인 20대에 성공을 원한다. 하지만 그 성공은 독이 든 성배다. 20대의 성공은 20대에 누려야 할 것을 경제적인 부분에만 가두는 것이다.

사람은 잘 나갈 때 가장 위험하다. 성공의 절정이야말로 타락의 나락으로 떨어지는 지름길이다. 그래서 20대에 성공을 이루면 그 성공을 주체하지 못한 채 경거망동하기 쉽다. 20대의 성공은 30대 이후의 삶을 타락으로 이끌 가능성을 높인다.

실패 없는 성공은 재앙이다. 실패 없이 거저 얻어진 부가 얼마나 위험한 것인지 보여주는 대표적인 사례가 복권 당첨이다. 돈을 힘들게 벌어본 사람만이 돈의 가치를 알고 지킬 수 있는 능력이 있다. 20대의 성공은 복권 당첨과 마찬가지다. 갑자기 부자가 된 사람들은 큰 변화를 감당할 능력이 갖춰지지 않았다. 그래서 짧은 시간에 돈을 잃고, 방황하기 쉽다. 20대의 벼락 성공은 인생의 경험이 큰돈과 조화를 이루지 못한 경우가 태반이다. 그래서 20대의 이른 성공이 재앙으로 끝나는 사례가 많다.

대학생 시절 독특한 아이템으로 창업해 전국에 수백 개의 프랜차이즈를 거느린 명문대 학생 사업가가 있었다. 그는 번뜩이는 아이디어 하나로 20대에 부를 거머쥐었다. 하지만 지금은 무엇을 하고 있는지 아무도 모른다. 언젠가 뉴스에서 그의 근황을 보도한 적이 있었는데, 그가 회사 경영을 게을리한 채 강원랜드에서 회삿돈으로 수십억대의 도박을 하다가 구속되었다는 것을 끝으로 사람들의 관심에서 사라져 갔다.

실패는 인간을 겸허하게 하지만 성공은 인간을 오만하게 한다. 실패의 쓰라린 기억도 없이 성공의 달콤함을 맛본다 한들 어떤 맛인지 알수 있을까? 휴식의 달콤함도 고단한 일상을 보내봐야 그 의미를 알수가 있다. 매일매일 휴식이 일상인 사람은 진정한 휴식의 의미를 느낄수 없다.

지금은 100세 시대다. 그대가 중년이 될 때쯤에는 120세 시대라는 말이 등장할지도 모른다. 인간의 수명은 길어지고 있다. 젊은 날 경제적인 궁핍은 축복이다. 20대의 반짝 성공은 알몸으로 세상에 나가는 것과 같다. 세상의 사나운 비바람으로부터 자신을 지켜줄 실패의 경험이란 옷을 입지 않은 채 세상에 나간다면, 온 세상을 쓸어버릴 것 같은 폭풍을 어찌 이겨낼 것인가? 내면을 닦지 않은 채로 세상에 나가는 것은 재앙이다. 오히려 중년의 성공이 인생의 뿌리를 탄탄하게 해준다. 시야를 멀리 넓게 보아라.

20대는 가난해도 빛나고, 꾸미지 않아도 빛나는 존재 자체로 빛날 수 있는 유일한 시간이다. 빛나는 젊음을 만끽해라. 지금 당장 경제적으로 궁핍하다고 어깨를 움츠리지 마라. ■

16.
지금 나에게
필요한 것은
격려와 지지다

$\Rightarrow$

격려와 지지는
인생을 암울하게 하는
비곗덩어리다

기성세대에게 암울하고 재미없고 불공평한 세상을 물려받았다고 생각하는가?

그렇다면 여기서 질문을 하나 한다면, 그런 기성세대의 사고방식을 진리라 여기며 아무 비판 없이 받아들인 것은 누구인가? 누군가 그대에게 이런 사고방식을 주입했다면 그대는 왜 그토록 뜨거운 젊은 피로 저항하려 하지 않는가?

한 번도 저항하지 않고 안락함만 추구해온 그대에게는 격려나 지지가 필요하지 않다. 격려나 지지는 최선을 다하고 수없이 도전하고 그럼에도 실패했을 때 필요한 것이다.

차사순 할머니의 이야기를 들어본 적이 있을 것이다. 차사순 할머니는 70대이고 전북 완주에서 거의 평생을 지내오신 분이다. 남편은 일찍 돌아가셨고 시골이기 때문에 대중교통을 이용한다는 것은 힘든 일이었다. 그래서 할머니는 자동차 운전면허를 따려고 결심했다. 하지만 눈도 침침해져 가는 고령에 운전면허를 따기란 쉽지 않은 일이었다. 할머니는 무려 950번의 도전 후에 면허를 취득할 수 있었다. 격려나 지지는 차사순 할머니에게 필요한 것이다. 젊은 그대는 어떤 목표를 위하여 950번의 도전을 해보았는가? 그런데도 달콤한 말의 향연인 지지나 격려를 해달라고 할 수 있을까?

지금 그대에게 필요한 것은 지지나 격려가 아니다. 격려나 지지는 아무것도 가져다 주지 않는다. 뿌연 창으로 밖을 보는 것처럼 현실을 똑바로 보지 못하게 한다. 가슴속에서부터 눈물이 솟구칠 정도로 아파하며 깨달아야 한다. 그래야 진짜 세상과 마주할 수 있다.

이 세상 그 누구도 격려나 지지를 않더라도 끄떡없을 만큼 멘탈이 성숙해져야 한다. 그대는 10대가 아니다. 오히려 그대보다 훨씬 열악한 환경에 있는 약자에게 격려할 줄 아는 사람이 되어야 한다. 성숙하고 용기 있는 사람은 누군가 자신에게 손을 내미는 것을 기다리는 것이 아니라 스스로 손을 내밀고 먼저 다가간다.

병이 잘 낫는 약은 입에 쓰다. 인생도 마찬가지다. 달콤하기만 한 인생은 진짜 인생이 아니다. 사탕이나 초콜릿이 달다고 평생 그것만 먹을 수는 없다. 입에는 써도 건강에 좋은 음식을 먹어야 건강을 유지할 수 있다. 가슴에 피멍이 들 정도로 아파 본 사람만이 인생의 참 의미를 알게 된다. 격려나 달콤한 말을 기대하지 마라. 눈물이 쏙 빠질 만큼 아픈 독설을 해주는 사람을 고마워해라.

20대는 힐링을 찾을 나이가 아니다. 젊은 그대는 치유할 대상이 아니다. 그런데 왜 힐링이 필요한가. 힐링할 시간에 더 많이 부딪히고 더 많이 깨져봐라. 수십 년을 그렇게 도전한 후에 힐링을 찾는 게 맞는 순서다. ■

17.
인생에는
보험이 필요하다

⇒

양다리를 걸치면
아무것도
얻지 못한다

힘겨운 입시전쟁을 거쳐 일단 대학에 입학했지만 원하던 명문대생이 아니라는 자괴감에 재수를 결심했음에도 학교는 자퇴하지 못했다. 재수 실패에 대한 보험을 들어놓는 것이다. 자신의 꿈이 배우가 되는 것이라면서 오디션에 도전하는 대신 비정규직으로 회사에 다닌다. 배우로 실패할 것을 대비해서 말이다.

　퇴로를 차단하지 않으면 자기가 이미 만들어놓은 퇴로로 후퇴할 수밖에 없는 것이 인생이다. 퇴로를 만들어 놓은 것 자체가 실패를 염두에 둔 것이기에 어떤 일에도 밑져야 본전이라는 태도로 덤벼든다. 하지만 이런 자세로 인생을 대하는 것은 결국 아무것도 이루지 못하고 도망가기에만 급급하게 된다. 실패에 대한 리스크를 감당하지 않겠다는 마인드야말로 성공을 가로막고 있는 주범이다.

　수많은 이성을 데이트 상대로 삼는 것은 진짜 사랑하는 사람은 없다는 의미이다. 결코 자랑거리가 아니다. 한 사람에게 집중해도 진정한 사랑을 하기가 어렵고 하나의 꿈을 이루려고 해도 젖 먹던 힘까지 써야 하는 것이 현실이다.

가장 좋은 선택을 하려면 먼저 포기해야 할 것이 있게 된다. 짐이 무거우면 멀리 가지 못한다. 삶은 컴퓨터처럼 동시에 두 가지 이상의 프로그램을 작동시키는 멀티태스킹이 가능하지 않다. 한 번에 두 가지 일은 한다는 것은 두 가지 모두 하지 못한다는 것이다. 커피숍에서 커피를 마시며 인터넷도 하고 과제도 해치운다는 사고방식으로는 무엇 하나 제대로 하는 것이 없을 것이다. 몸은 두 개가 아니고 영혼도 두 개가 아님을 명심하자. 한 번에 두 가지가 넘는 일을 동시에 하면 뇌가 손상된다는 의학적 보고가 있다. 멀티태스킹은 정신을 피폐시키고 뇌를 피로하게 한다. 한 번에 여러 가지 생각을 하면 머리가 어지럽고 정신이 혼미해지는 경험이 있을 것이다. 인생도 마찬가지다. 한 번에 이것저것 하다가는 한 가지도 제대로 하지 못한다. 여러 가지를 하면 할수록 삶은 정리되지 않고 꼬이게 될 것이다.

무엇인가를 얻고자 하면 다른 무언가는 얻지 못할 것이다. 모든 것을 다 가지려고 하다가는 하나도 가지지 못하는 것이 인생이다. 그런데

단 하나에 집중하면 다른 것은 부록처럼 딸려오는 경우도 있다. 멀티태스킹 하지 말고, 보험 들어 놓지 말고, 가장 중요한 것 하나만 추구하라. 그 하나를 위해서 수만 가지를 포기할 결심이 없다면 시작조차 하지 마라. 두 방향에서 날아오는 공을 동시에 잡는 일은 불가능하다.

진정 원하는 것을 얻기 위해서는 퇴로를 차단하라. 건너온 다리를 불태워라. 끝까지 달려보아라. 그래야 원하는 것의 참모습을 볼 수가 있다. 20대는 끝까지 달려도, 다리를 불태워도 제로 세팅이 가능한 나이다. 끝까지 달리기도 전에 이리저리 재보고, 계산하고, 남과 비교하고, 사회적 시선을 신경 쓰면서 우물쭈물하다가 청춘은 눈 깜짝할 사이에 저 멀리 달아난다. ■

18.
도서관에서
잠깐 조는 것은 괜찮다.
일단 도서관에
왔으니까

⇒

도서관에서 자지 말고
집에서 자라

도서관의 원래 목적은 공부하는 곳이 아니다. 시험공부를 하는 곳은 더더욱 아니고 취업 준비를 위한 공간도 아니다. 도서관은 책을 보는 곳이다. 책은 영혼의 양식이다. 강박관념에 마음이라도 편하려고 도서관에 올 마음이라면 차라리 산을 찾아 등산하는 것이 낫다. 도서관에 가보면 세상에서 가장 안타까운 광경이 보인다. 자신의 영혼을 구하는 책을 바로 옆에 둔 채 각종 수험 공부에 토익 공부에 매달리는 모습을 보면 가슴이 답답해져 온다. 수험서를 덮고, 도서관에 수많은 책을 좀 펼쳐 보자. 왜 매일 도서관에 출근하면서 거기 있는 책들을 내버려 두고 있는가. 도서관의 책들은 20대인 그대를 기다리고 있다.

친구들이 도서관에서 간다 해도 책을 읽을 것이 아니라면 도서관에 가지 마라. 20대는 친구 따라 강남 가는 나이가 아님을 유념해 두어야 한다. 친구 따라 뭉쳐 다니는 것은 10대에 졸업하도록 하자.

도서관에서 매일 수험서만 들여다보고 취업 관련 스펙 공부를 한다면 결과는 개미지옥에서 허우적거리는 인생이 있을 뿐이다.

도서관에 있다는 자체만으로 자기만족을 하는 것이 10대 때 가방만 도서관에 던져놓고 놀러 나가는 것과 무엇이 다르겠는가. 오늘부터는 도서관에 대한 생각을 바꿔라. 책을 보고 싶다면 도서관에 갈 것이며 시험 준비를 하는 거면 독서실을 이용해라. 그편이 훨씬 효율적이고 편할 것이다. 도서관에서 시험공부를 하는 것은 책들에 대한 예의가 아니다.

책을 읽으러 오는 사람들 방해하지 말고, 공부할 생각이 없다면 깨끗하게 도서관에 대한 마음을 접고 나가서 놀고, 졸리면 집에 가서 자라. 낮에 졸린 이유가 밤새 인터넷하고, 게임 하고, 휴대전화기 붙잡고 통화했기 때문은 아닌가?

낮잠이나 자라고 피가 끓는 청춘이 있는 것이 아니다. ■

말을 듣는 예절

1. 감정을 평온하게 갖고 표정을 부드럽게 하며 한눈을 팔지 않는다.

2. 자세는 반듯하고 공손하게 한다.

3. 말은 귀로만 듣는 것이 아니고 눈과 표정, 그리고 몸(태도)으로도 듣는다는 점을 명심한다.

4. 상대의 말에 조용하면서도 상대가 알아보도록 반응을 보여 성의 있게 듣고 있음을 알린다. 남이 말을 하고 있을 때 엉뚱한 생각을 하고 있거나 딴청을 부리는 것은 큰 실례이다.

5. 말허리를 자르면서 질문하지 말고 의문이 있더라도 끝까지 경청한 뒤에 양해를 구하고 질문한다.

6. 상대의 말에 이견이 있으면 정중하게 말한 사람의 양해를 구한 후 의견을 말한다.

7. 상대의 말을 부정하기보다는 일단 긍정한 다음에 다른 의견으로 말한다.

8. 대화 중간에 자리를 뜰 때는 다른 사람에게 방해가 되지 않도록 살며시 일어나서 말하는 사람에게 묵례하고 나간다.

9. 몸을 흔들거나 손이나 발로 엉뚱한 장난을 치지 말고 열심히 듣는다.

10. 강연이라든지 브리핑 같은 경우에는 말을 듣는 중에 의문 나는 점은 메모한다.

11. 말을 하는 상대가 감지하도록 은근하면서도 확실한 청취 반응을 보인다.

12. 무시하는 듯한 말을 하면 즉각 반응하지 말고 시간을 두어 간접적으로 또는 우회적으로 자기의 의견을 나타낸다.

19.
인내심을 가져야 한다.
내가 참으면 해결된다

⇒

인내심은
바보들의
특급 무기다

자신이 누구인지 잘 아는 사람은 싫은 것을 참거나 인내하지 않는다. 인내심과 성실함이야말로 성공의 지름길로 착각하는 경우가 많은데 이것이야말로 가장 능력 없는 사람들이나 갖는 사고방식이다. 문제가 생길 때 인내하거나 참아서 해결되는 경우는 없다. 차라리 문제를 터트리는 것이 문제를 해결하는 가장 좋은 방법이다.

인생을 계속 인내하고 살았다가는 또 다른 커다란 인내를 계속 만날 뿐이다. 인내는 쓰다. 전혀 즐거운 일이 아니다. 인생은 짧고 젊음은 순간이다. 왜 소중한 젊은 날을 즐겁지도 않은 일을 하며 참아가며 버티고 있는가. 이것은 그대가 그대 자신을 존중하지 않는다는 것과 마찬가지다.

내세울 것이 없으니 인내심이라도 발휘해야 한다고 생각한다면 자신의 인생을 시궁창에 버려둔 채 돌보지 않는 것이다. 잠깐이라도 자신에게 질문을 해보라. 억지로 참고 있는가. 아니면 정말 마음에서 우러나와서 하는 일인가. 우리의 인생은 좋아하는 일만 하기에도 짧고 사랑하는 사람들과 같이 보내기에도 아까운 시간이다.

왜 되지도 않는 남의 인생을 흉내 내려고 하다 좌절하고, 잘하지도 못하는 걸 잘하려고 황금 같은 20대를 보내려 하는가. 20대에 인내하고 참고 견디고 버티는 습관을 들였다가는 평생을 참고, 인내하고 버티는 인생을 살게 된다. 그러다가 젊은 날은 지나가고 행복은 달아난다.

적성에 맞지 않으니 인내하게 되고, 능력이 없으니 좌절하게 되고, 재미가 없으니 포기하고 싶지만, 생계가 걸려있는 현실을 외면할 수 없으니 참고 인내하며 지루한 삶을 견뎌낸다.

세상에는 적성에도 맞고, 남과 다른 능력을 발휘할 수 있고, 재미있는 일이 많다. 늦기 전에 그런 일을 찾아 나서라. 괜히 부모님 눈치 보며 이리저리 재보며 계산만 하다가 조금이라도 손해 볼 가능성이 있으면 발을 뺄 생각만 하며 의미 없는 시간을 보내고 남 좋은 일만 실컷 하다 20대가 저물어 간다.

스티브 잡스가 췌장암에 걸리고 인생의 심각한 위기를 맞은 후에 스탠퍼드 대학교 졸업식에서 한 연설에서 왜 그토록 자기 자신으로 사는 것을 강조했는지 한번 깊이 생각해 보아라. 스티브 잡스는 자기감정에 충실했고, 자기 꿈에 충실했고, 남의 흉내를 내면서 살지 않았다. 인내심이 발휘된다는 것 자체가 자기 자신으로 살아가고 있지 않다는 의미다. 인내심을 발휘하면 할수록 진짜 자신과는 멀어지게 될 것이다.

오늘은 자신에게 질문을 해보아라. 즐겁게 살고 있는지, 하고 싶은 일은 하면서 살고 있는지, 아니면 성실하다는 소리가 듣고 싶어 오늘 하루도 인내심으로 버티고 있지는 않은지? ■

20.
자격증은
많이 따두는 것이 좋다

⇒

자격증 수집은
비정규직으로 가는
등용문이다

'직장의 신'이라는 드라마에서 주인공인 미스 김은 비정규직으로 일하지만 수많은 자격증의 소유자다. 조산사 자격증, 대형버스 운전면허, 항공 정비사, 크레인, 각종 컴퓨터 자격증 등 못 하는 게 없는 팔방미인으로 나온다. 하지만 미스 김에게는 치명적인 한 가지가 없다. 바로 제대로 잘하는 것, 단 한 가지가 없다는 것이다. 왜 만능으로 보이는 그녀가 비정규직으로 일해야 하는지 알 수 있다.

　미스 김이 소지한 자격증은 짧으면 3개월, 길면 1~2년이면 취득할 수 있다. 전문가의 길과는 거리가 먼 것이 대부분이다. 미스 김이 그 많은 자격증을 딸 시간에 하나라도 전문가 수준으로 독보적인 역량을 집중해서 발휘했더라면 수많은 자격증은 필요 없다. 한 분야에서 전문가가 되기에도 수십 년의 세월이 필요하다.

　앞에서 설명한 미스 김의 능력으로 보았을 때 그녀는 매우 적극적이고 자신의 인생에 성공하고 싶다는 욕망을 가진 여성이라는 것을 알 수 있다. 하지만 그녀는 비정규직에서 계속 근무할 수밖에 없다.

미래에셋의 박현주 회장은 신입 공채 직원을 뽑는데 자격증을 많이 소유하고 있는 자격증 수집자에게 감점을 줄 것을 지시했다. 흔히들 증권가 취업 준비생들에게 취업 3종 세트인 투자상담사, 선물거래상담사, 자산관리사의 세 개의 자격증이 필수라는 말이 있다. 하지만 박현주 회장은 "본사에 근무할 신입 직원들에게 필요한 것은 다양한 경험과 창의적 사고이다. 주어진 틀에서 벗어나지 못하고 자격증 수집에만 열중하는 사람은 미래에셋이 원하는 인재가 아니다."라며 선을 그었다.

20대에는 자격증 공부의 본질에 대해서 깊게 생각해 보는 시간이 필요하다. 오늘부터 생각을 바꿔보자. 자격증이라 함은 그 일을 하는데 적합한 사람이라는 것을 증명하는 것이다. 하지만 그 일을 하는데 적합하다는 것을 증명할 사람은 바로 '나'다. 나의 능력은 내가 가장 잘 안다. ■

피해야 할 말

1. 상대방이 듣기에 곤란하거나 난처한 말은 피한다.

2. 상대방이 대답하기 곤란한 질문은 가급적 피한다.

3. 지나친 자랑을 늘어놓음으로써 듣는 사람에게 거북함이나 열등감을 느끼지 않도록 한다.

4. 상대방을 무시하는 듯한 말과 위압적인 말을 삼간다.

5. 여성에게는 프라이버시에 속하는 나이나 신체 등에 관해 묻지 않는다.

6. 상대방의 열등감을 자극할 말이나 상대방이 콤플렉스를 느끼는 화제는 피한다.

7. 상대방의 입장을 고려하지 않고 밀어붙이기식의 공격적인 화법은 피한다.

8. 상대방의 감정과 기분을 도외시한 일방적인 말은 피한다.

먹고살 궁리 하지 말고 일의 가치를 찾아내라

21.
재테크의
고수가 되어야 한다

⇒

재테크는
서민을 위한
마약이다

재테크의 목적은 돈을 버는 것이다. 그렇다면 정말 재테크를 하면 돈을 더 많이 벌 수 있는 것일까? 주식으로 부자가 되는 것이 빠를까? 아니면 자신의 가치를 높여 부자가 되는 것이 더 빠를까?

　전업으로 주식투자를 하는 사람들조차 힘든 것이 주식투자로 이익을 내는 것이다. 전업 투자자들은 밥 먹고 잠자는 시간에도 계속 주식 생각뿐이다. 전업 투자자도 아닌 사람이 그런 사람보다 더 많은 이익을 낼 수 있는 게 가능할까?

　왜 자신의 일에서 일가를 이룰 생각보다 재테크를 해서 돈을 벌 생각을 하게 될까? 재테크를 해서 돈을 버는 것은 그대일까, 아니면 증권사나 투자 전문 회사일까?

　재테크는 생각보다 많은 시간과 능력이 있어야 하는 전문 분야이다. 돈을 벌려고 했다가 시간과 에너지만 낭비하고 빈털터리로 돌아올 가능성이 99.9%인 제로섬 게임이 바로 재테크의 실체이다. 주식 시장에서 가장 먼저 돈을 잃는 것은 개미들이다. 부동산 또한 개미투자자들은 버블이 정점에 이르렀을 때 빚을 내고 집을 사서 하우스 푸어의 길로 접어든다.

　　재테크의 고수가 되는 시간과 에너지를 자신의 가치를 높이는 데 쓰면 어떤 일이 벌어질까? 종잣돈 천만 원을 가지고 누군가는 재테크를 했고, 다른 누군가는 자신의 내면의 가치를 올리는데 투자했다면 어떤 결과가 나올까?

　　세상의 그 어떤 자원보다 소중한 것이 인간의 가치를 발굴하는 것이다. 세상의 그 어떤 귀한 천연자원보다 값진 것이 그대 자신이다.

　　이 세상 사람 모두가 재테크에 열광할 때 그대는 자기 자신에 투자하라. 재테크는 외부 환경에 크게 좌우되지만, 그대의 가치를 크게 키운다면 외부 환경과 상관없이 그대가 존재한다는 것 그 자체로 엄청난 영향력을 행사할 수 있게 된다.

　　외부 환경에 휘둘리는 재테크에 투자할 것인가?

　　외부 환경에 영향을 줄 수 있는 자신의 가치에 투자할 것인가? ■

강의와 연설을 하는 예절

1. 정해진 시간을 지킨다

특히 시작하는 시간과 끝내는 시간을 정확하게 지켜야 한다. 시작이 늦어지면 여러 사람을 기다리게 하고, 끝내는 시간을 지키지 않으면 다음 차례의 강사나 연사에게 지장을 주게 되며 진행에 차질을 빚게 된다.

2. 주어진 주제를 벗어나지 않는다

정해진 주제에서 벗어나 엉뚱한 이야기를 하면 듣는 사람들의 기대를 저버릴 뿐 아니라 그 효과도 반감되고 만다.

3. 강의나 연설의 요지를 미리 준비한다

정해진 시간에 주어진 소재를 효과 있게 이야기하려면 말해야 할 요지를 미리 준비해서 이야기의 흐름과 맺음을 분명히 해둔다.

4. 듣는 사람이 누구인가를 고려한다

듣는 사람의 나이, 성별, 직업, 지적 수준 등을 파악해서 이야기할 범주를 설정해야 한다.

5. 목소리의 강약과 완급에 주의한다

확성 장치가 있으면 그 효과에 유의하고, 확성 장치가 없으면 모든 청중이 알아듣도록 음성을 높여야 한다. 대중을 상대로 말할 때의 속도는 단독 대화와는 달리 여유가 있고 또박또박해야 한다.

6. 시작할 때와 끝낼 때의 인사말을 잊지 않는다

22.
하향지원이
안전하다

⇒

하향지원하는
인생은
하류에서
평생 머물게 된다

이성을 사귈 때조차 '이만하면 됐어.'라는 생각으로 이상형과 거리가 먼 사람을 만나고 있지는 않은가?

　인생은 한 번뿐이고 결혼도 대부분 한 번밖에 기회가 없다. 평생을 얼굴 마주 보며 사는 동반자라면 꿈에 그리던 이상형을 찾아 나서라.

　인생이 재미있는 것은 최고를 원하면 최고를 쟁취하게 되어 있다는 것이다. 20대는 자신이 원하는 것을 끝없이 추구해도 될 특권이 있다. 왜 그 특권을 사용하지 않는가! 원하는 걸 추구해봐야 진짜 원하는 것이었는지 아니었는지 알 수 있게 된다.

　취업이나 꿈을 꾸는 것도 마찬가지다. 이왕 인생을 사는 거라면 자신을 최고로 대우해주어라. 자신 말고는 나를 최고로 대우해주는 사람은 없다. 내가 나를 사랑해야 남도 나를 사랑한다.

　"이만하면 됐어.", "평범한 게 좋은 거지."라는 사고방식은 평생 사회의 낮은 언저리의 삶을 빙빙 돌게 할 뿐이다. 3등이 되고자 마음먹으면 절대 3등이 될 수 없다. 하지만 1등이 목표인 사람은 적어도 3등은 할 수 있게 된다.

진짜 자신이 원하는 것을 모르면 원하는 인생을 살 수 없게 된다. 원하는 것을 생각하고, 원하는 것을 추구하라. 적당한 것에 만족하는 사고방식은 적당한 인생을 만들 뿐이다. 스스로의 신념에 의하여 자신의 인생을 선택하지 못하는 사람은 항상 누군가의 통제를 받으며 살아야 한다. 타인의 인생을 위한 재료가 된다. 우리는 끊임없이 성장과 발전을 추구해야 한다.

하향지원을 한다는 의미는 "난 최고를 가질 자격이 없습니다."라고 선포하는 것과 마찬가지다. 하향지원을 추구하는 인생은 가난한 것, 모자란 것, 안 좋은 것과 함께 살아간다는 의미인데도 하향지원을 꿈꾸고 있는가? 하향지원이 현재의 안전을 담보할지는 몰라도 그것은 오래가지 못한다. 물은 얕을수록 빨리 마른다.

인생의 선택을 하향이 아닌 상향에 맞추어 두어라. 내가 적당한 인생이 아닌 최고의 인생을 사는 것을 선택하는 것은 전적으로 본인의 선택에 달려있다. 인간이라면 누구나 선택을 할 수 있다.

큰소리로 외쳐보자

"난 최고의 인생을 살겠다! 최고가 아니면 갖지 않겠다."

퍼내도 퍼내도 마르지 않는 바다 같은 수준을 지향하라. 가는 데 시간이 오래 걸릴지는 몰라도 한번 구축하고 나면 평생을 써도 바닥이 나지 않는다.

현재의 안락함을 위해 하향지원하는 개울 같은 인생을 살 것인가? 두려워도 한발 한발 앞으로 나아가는 것을 선택해서 바다 같은 풍요로운 인생을 살 것인가. 선택은 그대의 생각에 달려있다. ■

23.
왕따가
되는 것이 두렵다

⇒

초등학생도
왕따가 되는 것을
두려워한다

비범하고 후회 없는 인생을 살기 위해서는 20대에 고독과 친해져야 한다. 모난 돌이 되어보기도 하고, 트러블 메이커도 마다하지 말아야 한다. 평생 무리 속에서 둥글게 둥글게를 외치다가는 그 둥근 무리와 함께 침몰하게 될 것이다.

인간은 누구나 무리 속에 있고 싶어 한다. 그래서 결혼을 하고 가족을 이룬다. 하지만 고독과 마주하지 못한다면 진짜 어른은 될 수 없다. 무리와 같이 있다가 보면 무리를 위해 개인이 존재하는 것이지, 개인을 위해 무리가 존재할 수가 없게 된다.

내면의 성장을 위해서는 깊은 사색과 성찰이 필요한데 이는 혼자 있을 때 가능하다. 사랑을 확인하기 위해서는 지속적인 만남도 중요하지만 잠시 떨어져 있을 때 사랑은 비약적으로 성장하기도 한다.

회사라는 조직에 몸담은 사람들은 알 것이다. 조직이라는 곳은 개인의 희생쯤은 간단하게 밟고 올라서는 곳이라는 것을.

하지만 사람들은 월급이 주는 안정감과 조직에 소속되어 있다는 가치를 우선시하기 때문에 조직을 위한 개인의 희생을 당연시한다. 그래서 기성세대들이 그렇게 사회적 시선을 중요하게 생각하고 시키는 일에 익숙한 것이다. 익숙함은 마음을 편하게 한다. 매달 꼬박꼬박 통장으로 입금되는 월급은 안정적인 생존 본능을 가진 사람에겐 자신의 마음속 욕망이 고개 들지 못하도록 만든다.

직장생활은 언젠가는 끝이 나게 되어 있다. 일주일에 두세 번의 떠들썩한 외식도, 늘 무리 지어 같이 먹던 점심도 언젠가는 끝난다. 그대가 아직 20대라고 해서 그날이 먼 미래이고, 자신과는 상관없는 일이라 생각하면 곤란하다. 30대 대기업의 신입사원의 50%가 3년 이내에 직장을 그만둔다는 통계가 있다.

인간은 혼자만의 시간을 가져봐야 자신과 진솔한 대화를 할 수 있다. 자신과 대화를 하는 시간을 늘려라. 정기적으로 자신과 대화하는 습관을 들인다면 헛된 인생을 살게 되지 않을 것이다. 인간은 결국 누구나 혼자라는 사실을 터득한다면 20대가 처절하게 느끼는 외로움의 시간도 괴롭게 느껴지지는 않을 것이다.

외로움을 견디기 어렵다고 적당한 사람과 사귄다거나 그대와 같이 외로움을 싫어하는 또래들과 어울려 다니지 마라. 결국 더 큰 외로움과 고독으로 들어가는 지름길이 될 것이다. 고독은 성숙한 어른이 되기 위한 통과 의례다. 고독을 피하지 말고 정면으로 받아들여라. 지독하게 고독한 것이 무엇인지 온몸으로 느껴보아라.

20대를 고독하게 보낸 사람은 빨리 어른이 된다. 외톨이가 되어야 비로소 사회와 환경이 제대로 보이기 시작한다. 내면이 단단한 사람은 혼자가 되는 것을 두려워하지 않는다. 외톨이가 되는 것을 두려워하는 것은 10대 시절에 끝내도록 하자. ■

24.
먼저 다가가거나,
베푸는 것은 손해다

⇒

인생은 선불제다

그대가 친절한 사람들과 인정 넘치는 사회에서 살기를 원한다면 먼저 친절과 인정을 베풀어라. 먼저 베푼 친절과 인정은 세상을 떠돌다가 결국 그대에게로 돌아올 것이다. 자신을 아끼고 사랑하는 사람이야말로 남도 아끼고 사랑할 수 있다. 그대가 하는 말과 행동은 곧 자신이 누구인지 알려준다. 그러니 입술은 아름다운 말로 채우고, 이웃들에게 친절히 해라. 뭔가를 받고 싶다면 먼저 주어야 한다.

경제적으로 유복하게 사는 것이 최고의 가치라고 생각한 20대 여자가 있었다. 그녀는 돈을 쓸 때 항상 공주처럼 구는 것을 당연하게 여겼다. 어느 날 식당에서 식사하다가 음식을 서빙하는 아주머니가 그녀의 비싼 옷에 김칫국물을 흘리고 말았다. 어찌할 줄 몰라 하는 식당 아주머니에게 그녀는 언성을 높여가며 변상을 원했고 그녀의 막말에 식당 아주머니는 눈물을 흘리며 사과했지만, 결국 변상을 받아냈다.

시간이 흘러 그녀는 남자친구와 결혼을 약속했고 명절에 남자친구의 집에 인사를 하기 위해 방문하게 되었다. 남자친구의 집에서 그 식당 아주머니를 보게 되었다. 아주머니는 남자 친구의 고모였다. 그녀는 사랑하던 남자친구와 결혼하지 못했다. 그 식당 아주머니였던 고모가 그녀와 있었던 일을 가족들에게 이야기하며 결혼을 결사반대했기 때문이다.

약자에게 버릇없고 이기적이고 차갑게 구는 것이 그대의 사회적 우위를 확인해 준다는 착각은 오늘로 버려라. 당장은 그대에게 굽실거릴지 몰라도 그대가 내뱉은 말과 행동은 언젠가 부메랑처럼 되돌아오게 된다. 그대의 내부에 감사와 친절이 깃들어 있지 않다면 친절한 대접을 받기 어렵다. 왜냐하면 그대의 내면에 감사와 친절이 없으면 외부로 나타나는 모습 또한 온화하지 않기 때문이다. 그대가 감사와 친절이라는 부메랑을 세상에 날리지 않았는데 어떻게 감사할 일과 친절한 대접을 바라겠는가.

친절에는 베푸는 사람의 수고가 따르지만 베푸는 사람의 희열은 경험해 보지 않으면 알 수 없다. 친절을 베푸는 사람의 평화로운 표정을 떠올려 보라. 친절하다는 것은 드러내 놓고 말하지는 않지만, 한 마디로 자신의 여유로움을 표현하는 자신감이기도 하다.

20대의 눈은 맑아야 한다. 빛나야 한다. 세상에 대한 기대로 가득 차

있어야 한다.

인생은 선불제다. 그대가 먼저 기대하고 먼저 미소를 띠고 먼저 친절하게 대하고 먼저 베풀어라. 그러면 세상으로부터 대접받고, 환대 받을 것이다.

세상에 대해서 많은 기대를 하는 20대의 눈빛이 흐리멍덩하고, 시큰둥할 리가 없다. 마음속으로 큰 기대를 품고 그 결과를 생생히 상상하고 삶을 행복한 잔치로 받아들여라. 아무도 차갑고 어둡고 이기적인 사람을 좋아하지 않는다. 그대가 세상에 대해서 시큰둥한 태도를 유지한다면 세상도 그대를 시큰둥하게 대할 것이다.

아름다운 입술을 가지고 싶으면 친절한 말을 하라.

사랑스러운 눈을 갖고 싶으면 사람들의 좋은 점을 봐라.

날씬한 몸매를 갖고 싶으면 음식을 배고픈 사람과 나누어라.

아름다운 머리카락을 갖고 싶으면 어린이가 손가락으로 너의 머리를 쓰다듬게 하라.

아름다운 자세를 갖고 싶으면 결코 너 혼자 걷고 있지 않음을 명심하라.

사람들은 상처로부터 복구되어야 하며, 낡은 것으로부터 새로워져야 하고, 병으로부터 회복돼야 하고, 무지함으로부터 교화되어야 하며,

고통으로부터 구원받고 또 구원받아야 한다.

'기억하라. 만약 도움의 손이 필요하다면 너의 팔 끝에 있는 손을 이용하면 된다. 네가 더 나이가 들면 손이 두 개라는 걸 발견하게 된다. 한 손은 너 자신을 돕는 손이고 다른 한 손은 다른 사람을 돕는 손이다.'

— 오드리 헵번 ■

강의와 연설을 듣는 예절

1. 시간을 지킨다
강의와 연설을 듣는 일은 미리 정해진 일이므로 반드시 시작하기 전에 장소에 들어가서 정해진 자리에 위치하고, 끝나기 전에 미리 나오는 일이 없도록 한다.

2. 정숙하고 바른 자세로 듣는다
잡담을 한다거나 자세를 흐트러뜨리면 주위 사람들의 집중력을 해칠뿐 아니라 말하는 사람에게도 큰 결례가 된다.

3. 마음으로 새겨듣는다는 자세로 듣는다
강의나 연설은 소리로만 하지 않고 글로 쓰거나 몸짓으로 그 내용을 전달한다. 강사나 연사의 눈빛과 표정, 몸놀림 하나하나를 주시하며 마음을 기울여 새겨듣는다. 또한 필기도구를 준비하여 말하는 내용을 요약해가며 듣는 것도 훌륭한 듣기 자세이다.

4. 강사나 연사가 말하는 도중에 질문하지 않는다
말하는 도중에 질문을 하여 이야기의 흐름을 막아서는 안 된다. 이야기가 끝나거나 질문 시간이 따로 주어졌을 때 질문을 하도록 한다.

5. 싫다거나 지루하다는 표시를 하지 않는다
졸음이 오면 가만히 일어나 맨 뒷자리로 가서 듣는다. 강사나 연사가 보는 앞에서 하품을 하는 것은 금물이다.

6. 야유나 소란을 피우지 않는다
여러 사람이 듣는 장소이므로 비록 이야기의 내용에 경청할 만한 것이 없다 하더라도 다른 청중의 입장을 존중하여 야유를 한다거나 소란을 피우지 않는다.

25.
나를 아는 것보다
사회를 알아가는 것이
더 중요하다

⇒

나를 알지 못하면
그 어떤 것도
알 수가 없다

그대가 바꿀 수 있는 것은 오직 자신뿐이다. 그대 자신을 바꾸기 전에는 가정을 바꾸지도, 회사를 바꾸지도, 사회를 바꾸지도, 세상을 바꾸지 못한다. 사회가 어떤 곳인지 알기 이전에 그대 자신이 누구인지 아는 것이 우선이다. 《대학》에 나오는 수신제가 치국평천하(修身提齊家治國平天下, 몸과 마음을 닦아 수양하고 집안을 가지런하게 하며 나라를 다스리고 천하를 평정한다.)라는 말이 왜 3000년 동안 사라지지 않고 사람들에게 회자하는지 이유를 알아야 한다.

그런데 현실은 어떠한가. 나를 알기 위해서 어떤 노력을 하고, 나를 알기 위해 얼마만큼의 시간을 할애하는가. 반면 사회를 알기 위한 노력을 얼마나 하는가. 매일 뉴스를 챙겨보고 신문을 보고 스마트폰을 들여다보고 인터넷을 하며 남을 알기 위해, 사회를 알기 위해 끊임없이 현재의 정보에 관심을 기울이며 노력한다. 이러한 노력을 자신의 존재가치를 알아보는 데 쓰길 바란다.

우리는 자신의 능력, 적성, 흥미, 지식을 외부에서 찾도록 훈련되었다. 그러나 그것들은 오직 내 안에 있다. 내 적성과 흥미와 지식이 남에게 있지 않다. 나를 알지 못한 채 남을 알아가려고 하는 것은 결국 허무함만 남는다는 것을 알아야 한다. 왜냐하면 나를 알지 못하는 사람은 다른 사람도 진정으로 알 수가 없다. 이 세상에 시시한 어른들이 그토록 많은 이유는 그만큼 자기를 잘 아는 사람이 드물기 때문이다. 그렇다면 나를 알려면 어떻게 해야 할까?

일단 나와 친해져야 한다. 나와 대화를 하는 시간을 할애해야 한다. 나를 읽어야 한다. 나를 객관적으로 볼 줄 알아야 한다. 인생은 자기 자신을 알아가는 과정이다. 평생 자기 자신을 제대로 알지 못하고 죽을 수도 있다.

아무리 부모라 해도 자식에 대해서 다 알 수는 없다. 누군가에게 자신이 누구인지 물어보지 마라. 자신이 자기를 잘 모르는데 어떻게 남이 그대에 대해서 알 수 있겠는가. 자신과 가장 친해져야 할 사람은 바로 자기 자신이다.

자기 자신에게 솔직해져라. 자신의 내면에서 나오는 외침을 무시하지 마라. 내면에서 나오는 소리는 곧 그대의 영혼이다. 자신의 영혼을 잘 돌봐주어야 한다. 영혼의 목소리를 무시한다면 평생 남의 흉내만 내고 진짜 자신이 누구인지도 모르고 죽을 수 있다.

진짜 자신의 모습이 무엇인지 치열하게 생각해보아야 한다. 이제 그대 자신의 영혼이 밖으로 나와 그대의 육체와 함께 어울려 살아갈 수 있도록 도와주어야 한다. ■

26.
직관보다는
이성에 따라야 한다
⇒
이성에 따라가다가
돌이킬 수 없는
후회와 마주하게
된다

그대가 생각하고 있는 이성이라는 것이 진짜 이성적일까? 순수한 이성이 맞는다면 그 근거는 무엇일까? 그대가 20여 년을 살아오면서 형성된 이성이라는 것이 어떤 환경에 의해 구축된 것일까?

　우리는 사회생활을 하면서 이성적으로 살아야 한다고 요구받고 있다. 순수한 이성이라고 생각된 것들도 결국은 자라온 경험과 환경이 만들어낸 것에 불과하다.

　그렇다면 그대가 가진 이성이라는 실체가 사회와 환경과 경험에 의한 복합체라면 그 이성이 정말 이성적으로 작용할 수 있을까?

　인간의 경험이라는 것은 물리적 지배를 받는다. 경험은 시간과 장소에 구애받는다. 20년 남짓한 짧은 경험이 만들어낸 이성이라는 것은 정말 이상적인 이성이라고 할 수 있을까?

　왜 20대는 자기가 하고 싶은 일을 하기 전에 그 일을 해야 하는지 말아야 하는지를 사회적 관습에 의존하려고 하는 걸까?

마음 깊은 곳에 자신의 꿈은 숨기고선 기성세대에게 귀가 따갑게 들어온 "인생은 네가 하고 싶은 일만 하고 살 수는 없다."라는 말을 되뇌면서 부모님, 친구 등 주위의 눈치를 살핀다.

그렇다면 20대는 직관적으로 자신이 좋아하는 일을 하는 게 맞는 걸까? 아니면 이성적으로 사회가 나에게 기대하는 일을 하는 게 맞는 걸까?

우리는 항상 이성적으로 판단하고 행동하라는 무의식적인 압박에 시달리며 살아간다. 이성의 기준은 누가 정하는 걸까? 단언하건대 이성의 기준은 그대가 정하라. 그래야 후회 없는 인생을 살게 된다. 그것만이 그대의 가치를 스스로 만들어가는 방법이다. 우리의 마음속에는 각자 자신만의 세계가 있다. 자신의 마음에 들어 있는 세계를 현실의 세계에서 구현하라.

모든 사람이 이성적인 사고만 하고 산다면 세상은 변하지 않았을 것이다. 과학의 진보나 기술의 발전 또한 없었을 것이다. 아이폰이 세상에 나오기 전에는 피처폰 세상이었다. 사람들은 휴대전화기, MP3, 내비게이션, PMP를 따로 들고 다녔다.

애플의 스티브 잡스가 휴대전화기 사업을 준비한다는 소식이 알려

졌을 때 LG전자는 맥킨지 보고서에서 애플의 휴대전화기 사업은 찻잔 속의 태풍에 그칠 것이라는 결론을 내렸다. 회의에 회의를 거듭하여 내린, 아직은 시기상조라는 자신들의 이성적인 판단을 믿었던 것이다. 결과 LG전자를 제일 먼저 찾아와 자신의 개발품인 안드로이드를 LG전자에서 받아줄 것을 원했지만 퇴짜를 맞았다. 그는 삼성전자에도 찾아간다. 삼성의 임원들은 안드로이드의 개발 인력이 8명에 불과하다는 사실을 알고, 삼성의 개발팀은 2천 명이라며 그를 돌려보낸다.

결국 안드로이드는 구글에 인수되었고, 앤디 루빈은 구글의 부사장이 되었다. 그 후에 안드로이드의 활약은 혁명적이다. 안드로이드는 모바일 시대를 지배하고 있다. 현재 상용되는 스마트폰의 운영체제는 애플의 IOS와 구글의 안드로이드뿐이다. 앤디 루빈이 안드로이드를 가지고 LG전자와 삼성전자를 찾아갔을 때 임원들은 자신들이 이성적인 결정을 했다고 믿었을 것이다. 하지만 불과 몇 년 후 그 이성적 판단이 엄청난 비이성적인 판단임이 밝혀졌다. LG전자와 삼성전자에서 앤디 루빈의 제의를 거절한 일은 지금까지 뼈아픈 사례로 남아 있다.

지나치게 이성적으로 문제를 해결하려 한다면 직관의 잠재력을 키울 기회를 얻지 못한다. 통찰력은 이성적으로 문제를 해결하려 할 때보다 직관에 의해 그 모습을 드러내는 경우가 많다.

일반적으로 어떤 판단을 내릴 때, 논리적으로 따져가며 결론을 내린다. 그러나 대부분 논리적이라는 것이 이러저러해서 안된다는 쪽으로 결론짓는 경우가 많다. 근거가 부족하다는 이유로 직관을 신뢰하지 않는 것이다. 하지만 대부분의 과학적 원리나 이론들은 직관에 의하여 발견되었다.

직관은 논리적인 추론 과정을 뛰어넘어 결론에 도달해 버린다. 불현듯 그대의 뇌리를 스치는 직관의 힘을 믿어라. 예상치 못한 놀라운 해결책을 찾을 수 있을 것이다.

좋은 직관이 훌륭한 이성보다 낫다. 직관적으로 싫으면 하지 말고 참지 마라. 직관이 명령하면 그대로 밀고 나가라. 사회적 이성에 의존하다가는 개인은 사라지고 사회가 요구하는 나만 남게 된다. 그대가 이성이라고 굳게 믿고 있는 것의 근원은 겨우 20년 살아온 인생 경험이 전부다. 그 경험마저 풍부하지가 않다. 젊은이에게 경험을 쌓는 것보다 훌륭한 선생님은 없다. ■

전화를 받을 때의 예절

1. 전화가 걸려오면 되도록 빨리 받고, 인사말과 함께 소속 부서와 자신의 이름을 밝힌다

2. 전화를 걸어온 상대방이 누구인지를 알고 나면 곧 인사를 한다. 만약 다른 사람을 찾으면 친절하게 바꿔준다.

3. 만약 상대방이 찾는 사람이 부재중일 때에는 메시지가 있는지 확인하여 정확하게 전달해준다.

4. 벨이 울리면 신속하게 전화를 받아야 한다. 전화 수신이 늦었을 경우 양해의 표현을 한다(늦게 받아 죄송합니다). 출장, 회의 등으로 장시간 자리를 비울 경우 직원 중 1인이 대신 전화를 받도록 사전 조치하거나, 개인 휴대전화로 착신전환한다.

5. 통화를 종료할 경우에도 인사말(더 도와드릴 것 없으십니까? 감사합니다, 즐거운 하루 되십시오)을 하고 상대가 먼저 끊은 뒤에 나중에 전화기를 내려놓도록 한다.

6. 아무리 바쁘더라도 잘못 걸려오는 전화를 친절하게 받는 매너도 필요하다.

전화 걸 때의 예절

1. 전화통화를 할 때에는 자기 이름과 소속을 밝히는 것이 기본 매너이다. 어느 회사의 누구, 혹은 어느 부서의 누구임을 먼저 말하고 상대를 부탁한다.

2. 상대방이 전화를 받으면 다시 한 번 자신의 이름을 밝히고 용건을 말한다.

3. 혹 전화를 잘못 건 경우에는 반드시 사과를 한 후에 전화를 끊는다.

4. 가급적이면 이른 아침, 식사 시간(조식, 중식, 석식), 늦은 밤에는 전화를 하지 않는 것이 좋다. 부득이한 경우 먼저 양해를 구한 다음에 통화한다.

5. 용건이 끝나면 인사말을 하고 전화를 건 쪽에서 먼저 수화기를 놓는다. 그러나 상대방이 윗사람이거나 여성일 경우에는 상대방이 수화기를 놓은 후에 전화를 끊는 것이 예의이다.

6. 통화 도중 전화가 끊어지는 경우에는 전화를 건 쪽에서 다시 거는 것이 옳다.

27.
결국은
학벌이다

⇒

결국은
생각이다

20대가 지금까지 살아온 인생 대부분은 아마 학교에서 보낸 시간일 것이다. 학교에 다니는 목적이 대학입시에 맞춰져 있고, 한 사람의 인격과 성취를 평가하는 것도 대부분 시험 성적이었을 것이다. 인생의 경험 대부분이 학교이고, 사회적인 평가 기준도 학교 성적이었으니 학교 이외의 가치 있는 것은 찾지 못한다. 학교를 졸업하고 나서 갖게 되는 사회적 지위도 학교와 관련지어서 생각할 줄밖에 모르는 사고방식이 굳어져 버린 것이다.

　하지만 학교와 진짜 세상은 완벽히 다른 세계이다. 학교는 돈을 주고 다니지만, 그대가 살아가야 할 리얼 월드에서는 돈을 벌어야 한다. 학생 시절에는 실수해도 잘못해도 지적해주는 선생님과 어른들이 있었지만 리얼 월드에서 학생 같은 태도로 살았다가는 피도 눈물도 없이 퇴출당한다. 그대들이 살아갈 세계는 이처럼 냉혹하다. 같은 실수를 반복해서 저지르는 기회는 학생에게만 해당하는 것이다. 학교는 웬만하면 진실을 보여주려 하지 않는다. 왜냐하면 그곳은 그대가 내는 등록금으로 유지되는 곳이니까. 바꿔 말하면 그대는 학교의 고객이니까.

고객은 소비자다. 고객은 생산자가 아니다. 돈을 버는 것은 소비자가 아니다. 돈을 벌고 경제적 자립을 이룩하고 진짜 어른이 되려면 소비자가 아닌 생산자가 되어야 한다. 그런데 이상하다. 하루라도 더 빨리 생산자가 되는 게 유리하다고 생각하지만 왜 생산자가 될 기회를 미루고 소비자로 살아가려 하는 걸까?

생산자보다 소비자의 삶이 훨씬 편하기 때문이다. 또한 결정적인 이유는 그대가 생산자가 될 능력이 없기 때문이다. 어느 학교에서 소비자의 역할을 했느냐는 졸업한 뒤 1~2년밖에 영향을 주지 못한다. 어차피 학교라는 곳은 어디나 비슷하다. 고등학교 성적이나 수능 성적을 잘받은 것은 시험을 보는 능력이 남들보다 발달한 사람이라는 거다. 그이상도 그 이하도 아니다. 인간의 다양한 능력은 수치로 표현할 수 없고 점수로 대체될 수 없다.

학벌이 주는 메리트가 별거 없다는 것은 리얼 월드에서 왕성하게 활동하는 30~40대가 더 잘 알 것이다. 부모님은 잘 모르신다. 부모님들이 살아온 환경은 무조건 공부해서 점수 잘 받은 사람이 모든 걸 소유하는 시대였다. 미안하게도 그런 시대는 지나갔지만, 부모님 세대는 시대가 변했음을 인정하지 않는다. 인간이란 존재는 자신들의 경험이 곧 이성이라는 종교적인 믿음을 가지고 있기 때문이다.

아무리 하버드 MBA를 졸업했어도 고용인은 고용인일 뿐이다. 고용인은 원래 자기 일을 하는 사람이 아니다. 남의 일을 대신해주는 사람이다. 현대그룹의 창업자 정주영은 초등학교 학력이 전부인데도 MBA 출신들을 고용했다. 그 당시에도 고등 교육은 있었고, 상급 학교에 다닐만한 사람은 모두 중고등학교를 거쳐 대학에 진학했다. 같은 시대를 산 삼성의 창업자 이병철은 일본 유학을 다녀오기도 했다. 오히려 옛날이 지금보다 학벌 차별이 심했다. 그런데 왜 정주영은 초등학교 졸업의 학력으로 최고의 학벌을 자랑하는 사람들을 고용인으로 둘 수가 있었던 걸까?

중요한 것은 학벌이 아니다. 원래 고등 교육의 목적은 생각을 키우는 데 있다. 하지만 오늘날 대한민국의 고등 교육은 대학 입시와 취업이 목적이다. 그래서 학생의 생각 같은 것은 안중에도 없다. 정주영은 생각할 줄 아는 힘을 가진 사람이다. 그가 고용한 수많은 학벌 좋은 고용인들은 생각하는 힘보다 상급학교에 진학하는 것을 더 중요한 가치로 두고 있었기 때문에 고용인으로 일하는 것이다.

고용인들이 일하는 목적은 돈을 받기 위해서이고, 그 사람들을 고용한 고용주는 자기 일을 하기 위해서 고용인들에게 일을 시킨다. 말하자면 고용주는 고용인에게 월급을 지급한다는 생각을 하고 고용인은 월급을 받는다는 생각을 한다. 월급이라는 것을 두고 고용인과 고용주는 이렇게 생각이 다르다. 결국 인생은 그대가 어떤 생각을 하느냐에 따라 결정되는 것이지 학벌에 의해서 결정되는 것이 아니다.

학교에서 시험을 치를 때 우리는 정답을 찾기 위해 노력한다. 학교시험에서 정답은 오직 하나뿐이다.

그러나 인생에는 수없이 많은 정답이 존재한다. 대학에 가는 것도 정답, 가지 않는 것도 정답, 음악을 하는 것도 정답, 그림을 그리는 것도 정답, 사업을 하는 것도 정답이다. 그 외 무수한 정답이 존재한다.

그대가 명문대를 나왔어도 혹은 지방대를 나왔어도 또는 대학 졸업장이 없어도 그것은 성공과는 아무 관련이 없다. 학벌이 인생에 영향을 줄 수 있는 구간은 30세까지이다. 30세 이후의 인생을 경험해보지 않았으니 학벌이 계급을 결정짓는 도구라는 사고방식을 벗어나지 못한다.

나머지 70년을 좌우하는 것은 인생을 대하는 그대의 생각이다.

인간이라면 누구나 생각을 할 수 있다. 하지만 대부분 사람들의 생각이란 것이 얼마나 대단한 것인지 모르고 산다. 인간의 삶은 끝없는 생각의 연속이다. 생각과 생각의 물림을 어떻게 이어가느냐에 따라 어떤 일들이 일어난다고 해도 과언이 아니다.

오늘부터 온갖 성공하지 못할 이유를 찾지 말고 생각하는 힘을 어떻게 활용할 것인지 고민하라. ■

28.
돈은 모으는 것이
버는 것이다

⇒

돈을 모으려고
하는 자는
점점 돈과
멀어질 것이다

돈이라는 것은 세상 어디에나 있는데 돈을 좇는 사람은 정작 돈이 없다. 보상이 주어지는 일에만 열심인 사람은 어떻게 해도 부자가 되지 못한다. 보상이 주어지지 않는다면 일을 하지 않을 것이기 때문이다. 돈 때문에 일을 하면 돈이 따라오지 않는다. 하지만 일을 하면 돈이 따라온다. 돈은 부차적인 문제이다. 돈은 부록이다. 돈에 포커스를 맞추는 사람은 돈이 도망간다. 마찬가지로 돈을 모으려는 사람은 돈이 모이지 않을 것이다. 하지만 푼돈은 모을 수 있을 것이다. 푼돈이 목적이면 돈을 모아라. 하지만 큰돈을 얻고 싶다면 투자를 해라.

　한 달에 10만 원으로 사는 방법을 알려 준다는 책을 보았다. 그리고 돈을 절약하는 노하우를 공유하는 짠돌이 카페도 수없이 많다. 한 달에 10만 원으로 살아가고자 하는 사람은 10만 원으로 살아갈 것이요, 1억으로 살고자 하는 사람은 1억으로 살 것이다.

　중요한 것은 돈을 모으고자 하는 마음이 아니다. 생각의 포커스를 어디에 맞추는가에 있다. 아끼고 절약하고 욕망을 절제하고 먹고 싶은 것, 갖고 싶은 것을 참아가며 살아가는 데 초점을 맞추게 되면 평생을 그렇게 살아가게 된다. 반대로 돈을 아끼는 것이 아닌 돈을 버는 가능성에 초점을 맞추게 되면 돈을 버는 것에 집중하게 된다. 가난을 생각하고 살면 가난해지고 풍요를 생각하고 살면 풍요로워진다.

능력도 되지 않는데 신용카드를 긁어대라는 이야기가 아니다. 어떻게 하면 자신의 가치를 높이고 가능성을 확대할 것인가에 대해 집중하라는 것이다.

"난 버는 돈이 뻔하므로 지출을 줄일 수밖에 없어."라고 생각하는 사람과 "가난한 건 싫어. 난 능력과 가치를 높여서 원하는 것을 누리면서 살 거야. 어떻게 하면 그렇게 살 수 있을까?"라고 생각하는 것은 집중의 대상이 어디 있는지, 자신이 가야 할 곳이 어디인가를 정확히 설정하는 것이기에 엄청난 차이의 결과를 가져온다.

최고의 선택을 하면 인생의 방향도 최고에 맞춰지게 된다. 시간이 얼마나 걸리건, 얼마나 돌아서 목적지에 도착하건 종착역은 본인이 설정한 목적지다. 가야 할 곳이 정해진 사람은 내비게이션에 목적지만 입력하면 가끔은 어긋난 길로 조금 빠져나갈지라도 다시 수정한 후, 목표를 향해 계속 전진할 수 있다.

인생도 마찬가지다. 확실한 목적지를 설정해 놓지 않는다면 도로에서 방황하다가 꿀벌처럼 제자리만 빙빙 돌게 된다. 인생의 내비게이션에 목적지를 '최고의 삶'으로 입력해두자. 설정만 제대로 되어 있다면 길을 이탈하더라도 내비게이션에서는 올바른 방향을 가게끔 안내 멘트가 나올 것이다. 목적지를 어디에 두느냐는 그대의 선택이다.

일본의 베스트셀러 작가이자 컨설턴트인 센다 타쿠야는 10대를 그저 그렇게 보낸 것을 뼈저리게 후회하고 20대부터 독서를 통한 자기 계발에 몰두해 무려 1,000만 엔(약 1억 원의 돈)을 책을 사는데 투자했다. 그가 만약 젊은 시절 돈을 모은답시고 책을 사는 데 쓰지 않고 은행에 예금해 두었다면 일본 최고의 자리에 오를 수 있었을까? 지금 그대는 남은 긴 인생을 위해 무엇을 투자하고 있는가.

돈을 은행에 묻어둔다면 연 2%의 이자를 얻겠지만, 자신에게 투자하는 돈은 수십 수천 배가 되어 되돌아올 수 있다. 20대는 돈을 모으는 시기가 아니다. 자신의 가치를 올리는데 투자하는 시기이다. ■

29.
재벌이 되려면
다시 태어나야 한다

⇒

다시 태어날
필요 없다.
그대는
시간 재벌이다

재벌이 되기 위해서는 재벌의 아들로 태어나는 것이 가장 빠른 길이다. 실제로 20대에게 이런 이야기를 자주 듣는다. 재벌과 자신의 거리는 아주 멀고, 자신은 재벌이 될 가능성이 없다고 생각하기 때문에 재벌이 되려면 아예 새로 태어나야 한다는 것이다. 나는 그런 말을 들을 때마다 머리가 아파져 왔다. 그것도 새파란 20대의 입에서 나오는 소리에 가슴이 답답해짐을 느꼈다.

　지금 재벌들은 시대를 잘 만나서 재벌이 되었다며 현대그룹의 창업자 정주영도 지금 같은 때에 태어났으면 그렇게 큰 부자는 될 수 없을 거라고 지껄인다.

　나는 단언하건대, 정주영이 지금 태어났으면 더 큰 부자가 되었을 것이다. 부자를 만드는 것은 시대적 배경이나 환경이 아니다. 부는 인간의 마음속에 있다. 외부에 있지 않다. 우리가 만나는 환경은 우리 생각의 결과일 뿐이다. 생각을 바꾸면 환경이 바뀔 것이다.

기존의 제조업 재벌들보다 훨씬 큰 영향력을 행사하고 있는 IT 리더들을 보아라. 애플의 스티브 잡스, 마이크로소프트의 빌 게이츠, 페이스북의 마크 주커버그, 소프트뱅크의 손정의, 엔씨소프트의 김택진, 카카오의 김범수, 넥슨의 김정주 같은 사람들은 재벌 못지않은 경제적 번영을 이루었다. 만약 이들이 20대 시절에 시대를 잘못 만났으니 재벌이 거둔 것만큼의 성공을 할 수 없다고 단정하고 다시 태어나기만을 기다렸다면 지금의 그들이 존재할 수 있었을까?

돈으로 돈을 벌 수는 있어도 돈으로 시간을 살 수는 없다. 인생에서 가장 가치 있는 것은 시간이다. 시간이 있어야 돈도 벌 수 있고, 사랑할 수 있고, 생명도 이어진다. 죽은 사람에게는 시간이 없다는 것을 명심하자. 그러니 20대의 그대는 부자다. 시간 부자다. 진정한 부자는 시간이 많다. 그들은 남을 위해 일하지도 않고 남을 위해 출근하지도 않는다. 인간에게 시간만 주어진다면 무엇이든 할 수 있다. 돈 많은 어른보다 20대의 그대가 훨씬 부자다.

워런 버핏이나 도널드 트럼프에게 중요한 것은 시간일까 돈일까? 그들은 당연히 시간을 선택할 것이다. 만약 시간을 돈으로 살 수 있다면 그들의 재산 전부를 내놓더라도 기꺼이 시간을 살 것이다. 그 막대한 돈으로 얻고자 하는 시간을 그대들은 충분히 갖고 있지 않은가. 그대는 워런 버핏이나 도널드 트럼프가 전 재산을 털어도 소유할 수 없는 충분한 시간을 소유한 시간 재벌이다. 하지만 이 소중한 시간을 그대는 어떻게 사용하고 있는가?

20대는 남은 인생을 위해 투자를 해야만 하는 시기이다. 20대에 미래를 위해 투자하지 않는다면 언젠가는 인생 전체가 붕괴될 것은 안 봐도 뻔하다. 투자도 하지 않았는데 이익이 나올 리가 없다. 다행히 20대인 그대에게는 시간이라는 투자 자금이 넉넉하다. ■

30.
지나친 욕망은
좋지 않다

⇒

욕망이야말로
성취의 근원이다

젊었을 때 야망을 갖지 못한다면 언제 야망을 품을 수 있단 말인가. 젊은 그대는 무엇이든 꿈꿀 수 있고, 무엇이든 욕망할 수 있다. 세상의 모든 성취는 청춘에 품었던 욕망의 크기와 비례한다. 그러니 젊은 그대는 최고를 꿈꾸어도 좋다. 무엇을 하건 어디에 있든 최고를 꿈꾸어라. 단순히 최고를 추구한다는 것만으로도 최고가 될 수 있다는 가능성은 수지맞는 장사임이 분명하다. 젊은 그대 야망을 크게 품어라.

　패리스 힐튼(Paris Hilton, 1981~)은 재벌가의 상속녀로 유명해졌는데, 사실 그녀는 상속녀가 아니다. 몇조 원에 달하는 재산을 상속받지 못했다. 대신 상속녀라는 유명세를 이용해 여러 사업에 도전했다. 자신의 이름을 내건 향수, 화장품, 의상 브랜드 등을 성공하게 했다. 그 결과 8년 동안 패리스 힐튼이 벌어들인 돈은 1조 원이 넘는다. 힐튼은 자신의 이미지를 어떻게 사용해야 하는지 잘 아는 사람이었던 것이다. 패리스 힐튼은 재벌가에서 태어난 것으로 만족하지 않고 자수성가하는 야망을 품었던 것이다. 그것을 위해 상속녀의 이미지를 적재적소에 활용했다.

그녀는 힐튼가에서 태어났다. 패리스 힐튼의 증조할아버지인 콘래드 힐튼(Conrad Hilton, 1887~1979)은 호텔의 벨보이로 사회생활을 시작한다. 그는 벨보이로서는 엄청난 야망을 품게 되는데, 바로 '호텔왕'이 되는 것이었다. 야망의 크기를 호텔 사장도 아니고 '호텔왕'으로 설정했던 것이다. 그가 만약 야망의 크기를 호텔 매니저로 설정했다면 전 세계에 힐튼 호텔 제국을 만들 수 있었을까? 콘래드 힐튼은 부가 외부에 있지 않고 생각에 있다는 것을 잘 아는 사람이었다. 그는 업계 최초로 객실 점유율에 따라 숙박 요금을 달리하는 요금 체계를 적용한 것으로 유명하다.

콘래드 힐튼은 성공의 비결을 쇠막대기에 비유해서 설명했다. 쇠막대기를 가만히 놔두면 막대기에 불과하지만, 말발굽으로 만들면 10달러, 바늘을 만들면 3달러, 용수철로 만들면 250달러를 벌 수 있다며 부자가 되는 것도 결국 자신의 생각 크기에 달렸다고 했다. 또한 콘래드 힐튼은 무엇보다도 후손들의 교육에 힘쓴 사람이었다. 그의 아들이자 패리스 힐튼의 할아버지인 배런 힐튼(Barron Hilton, 1927~)은 재산 2조 원을 자선 단체에 기부했다.

결국 콘래드 힐튼이 자손들에게 남긴 유산은 돈이 아니다. 그것은 야망의 크기다. 패리스 힐튼이 유산 한 푼 상속받지 않아도 1조 원의 거부로 살 수 있는 것도 힐튼가에 내려오는 야망의 크기가 자신의 인생 크기를 만든다는 것을 철저하게 교육받은 덕분이었다.

야망을 크게 품으려면 먼저 자신의 야망이 무엇인지부터 파악해야 한다. 야망은 곧 목표다. 목표를 명확하게 세우면 목표를 항상 의식하게 된다. 의식은 행동을 부른다. 큰 야망은 큰 목표다. 큰 목표는 큰 생각과 큰 행동을 유발한다.

인간은 야망의 크기를 넘어서는 성취를 할 수 없다. 보이지 않는 마음의 장벽은 눈으로 볼 수 있는 물리적인 장벽보다 견고하다. 그래서 젊은 시절 생각과 야망의 크기가 인생을 결정하는 근원이다. 기왕 품는 야망이라면 엄청난 것을 꿈꾸어도 좋다. 세상은 젊은 그대가 야망을 실현하기를 기다리고 있다. ■

.

학교는 다닐 만큼 다녔다. 리얼월드로 진출하라

31.
학교에 다니는 것은 투자다

$\Rightarrow$

학위는
대출을 담보로 한
노예 생활의
시작이다

한 사회에서 고정 관념이 자리 잡기 위해서는 약 30년이라는 시간이 필요하다고 한다. 30년 전이라면 1985년이다. 우리나라가 70~80년대에 어떤 시대 상황이었는지 이해해야 지금 우리가 가지고 있는 사회적 고정 관념이 어떻게 형성되었는지를 알 수 있다.

　30년 전만 해도 대학 진학률은 30% 미만이었다. 2015년 현재는 80%가 넘는다. 대학 학위가 주는 메리트가 그만큼 사라져 간다는 의미이다. 하지만 30년에 걸쳐서 형성된 사회의 인식은 쉽사리 바뀌지가 않을 뿐더러 또 많은 시간이 필요하다.

　지금 20대의 부모세대는 대학을 진학 못한 사람이 많았다. 삶이 힘든 것을 공부를 제대로 다 하지 못한 탓으로 돌렸다. 자식에게만은 힘든 세상을 보게 하지 않으려는 부모님의 사랑일까? 보상심리일까?

　하지만 그대의 부모님들은 시대가 변했음을 알아야 한다. 책상에 앉아하기 싫은 공부를 하는 것만이 공부가 아닌 시대인 것이다.

당시의 대학 등록금은 지금처럼 살인적이지는 않았다. 1998년 사립대 등록금이 한 학기 200만 원을 넘지 않았다. 그때도 결코 적은 돈은 아니었지만, 방학 동안 풀타임으로 아르바이트를 하면 등록금은 마련할 수 있는 수준이었다. 학자금 대출이 없던 시기였다. 지금처럼 대학에 입학하면서 대출금을 떠안고 성적보다 빚 걱정을 할 필요가 없었던 당시 대학생들은 동아리 활동을 열심히 했다. 꿈과 낭만을 알았고, 무엇이 옳은지 그른지 자기 주관도 뚜렷했다. 지금의 대학생들처럼 아르바이트로 내몰리지도 않았다. 지금처럼 학교 간 서열 다툼도 치열하지 않았다.

올바른 가치관을 갖고 일찌감치 성숙해진 대학생들은 사회의 불의를 절대로 바라보지만은 않았다. 그들에게는 올바른 생각을 할 시간과 여유가 있었다. 그런 여유는 대학생들을 민주화 운동으로 향하게 했다. 그것이 바로 30년 전의 대학생들이었다. 그들은 기성세대에 가차 없이 반기를 들었다. 기성세대들은 대학생들의 눈치를 봤다. 하지만 요즘의 대학생들은 어른들의 말을 참 잘 듣는다. 대학생들이 기성세대의 눈치를 본다. 대학생들이 이렇게 된 이유는 만만치 않은 취업 현실과 살인적인 등록금 때문이다.

20대에 이미 수천만 원의 빚을 지게 되면 생활에 여유라는 게 없어진다. 그런데 이상하다. 전 국민의 80%가 넘게 대학 졸업장을 따게 되면 일자리가 주어지는 게 당연한 것이 아닐까. 대학을 졸업하게 되어도 백수가 될 것이 뻔하다면 무엇 때문에 수천만 원의 빚을 지고 대학을 다녔단 말인가. 그나마 학사 학위에서 멈추게 되면 다행이다.

원하는 곳에 취업할 가능성도 없고, 학생 신분은 유지하고 싶으니 너도나도 대학원에 진학한다. 그러면서 또다시 빚을 낸다. 20대에 이미 빚의 수렁에 빠지게 되는 것이다. 우리 부모님들의 시대에는 대학 학위는 분명히 더 나은 내일을 약속하는 보증 수표였다. 하지만 그 수표는 부도 수표가 되었다.

2014년 취업 포털사이트의 여론 조사가 발표한 바로는 기업인들이 가장 쓸모없는 스펙 1위로 석박사 학위를 꼽았다. 그다음으로 쓸모없는 스펙은 국토 순례였다. 석박사 학위가 국토순례보다 못한 취급을 받을 줄 누가 알았겠는가. 기업인들이 석박사 학위가 불필요한 스펙이라고 한 이유는, 그런 스펙은 누구나 가질 수 있는 스펙이며 그런 하잘것없는 스펙을 내세운다는 것 자체가 목표가 불분명한 사람이라는 평가를 했다.

기업인들이 이런 평가를 했음에도 불구하고 다시 수천만 원의 빚덩이를 향해 가는 수많은 학생 신분 연장자들이 있다. 기억하라. 순수한 학문을 향한 목적이 아닌 학생 신분을 연장하는 것에 목적을 둔 진학은 국토순례보다 못한 스펙을 만들기 위해 시간과 돈을 학교에 상납한다는 사실을. 그리고 그 돈으로 이득을 보는 것은 학교 관계자들과 교수와 직원들이다.

기억하라, 이득을 보는 것은 학위를 손에 쥔 가방끈이 긴 그대가 아니라는 것을. 눈부신 남은 인생을 위하여 필요한 것은 석박사 학위보다는 자기 정체성을 탐구하는 시간이다. 석박사 학위는 자신의 정체성을 알려주는 길을 탐구하는 시간이 아니라 사회에서 만든 정해준 길을 탐구하는 시간이라는 것을. 자기 철학을 세우는 시간이 아닌 남의 철학에 주석을 다는 시간이라는 것을.

청춘은 자기 정체성을 정립하는 시간이다. 젊은 시절 자아를 찾는 데 시간을 투자하지 못한다면 다른 사람의 길을 부러워하고 흉내를 내려 하고 세상의 변화에 쉽게 흔들리게 된다. 젊음은 성장을 하기 위해 뿌리를 내리는 시기다. 그대의 내면에 깊은 뿌리를 내려라. ■

바른 인사법 : 모르는 타 부서 사람이 인사를 할 때

예의 바른 인사는 아무리 해도 밑지거나 손해 보는 일이 없다. 그러므로 잘 모르는 타 부서 사람이 먼저 인사를 하는 경우에도 같이 인사로 답례를 갖추는 것이 좋다. 잘 알지 못한다고 해서 그냥 쳐다보기만 한다면 상대방이 민망해할 것이 분명하다. 우선 인사를 한 후에 주위 동료에게 누구인지 물어보고 다음에 마주쳤을 때 가벼운 인사말을 건네면 더욱 좋을 것이다.

바른 인사법 : 상사나 동료들과 만났을 때

같은 회사 내에서 근무하다 보면 상사나 동료들을 자주 만나게 된다. 자주 본다고 해서 서로 쳐다만 보고 지나쳐버리면 어색해지고 분위기조차 딱딱해질 염려가 있다. 그러므로 처음 만났을 때에는 정중하면서도 밝고 명랑하게 인사를 하고, 다시 또 만나게 될 때에는 밝은 표정과 함께 가볍게 묵례를 하는 것이 좋다.

바른 인사법 : 작업 중일 때

회사에서는 일을 하는 도중에 상사나 손님들을 대면하게 되는 경우가 흔히 생긴다. 이때에는 일 자체가 인사를 할 정도의 여유가 있는 것이라면 상황에 맞게 가볍게 묵례 정도를 한다. 그러나 도저히 인사를 할 수 없는 경우에는 하지 않아도 좋다. 인사를 하느라 작업의 안정성을 잃는 것보다 오히려 열심히 작업에 몰두하는 것이 상대방을 편하게 할 수 있기 때문이다.

바른 인사법 : 출퇴근 시

인사는 습관화되어야 한다. 아침에 출근해서 하는 밝고 명랑한 인사는 일하는 데 있어 활력소가 된다. 먼저 퇴근할 때에도 남아 있는 동료들에게 인사를 하고 가는 정도의 예의는 지켜야 한다.
출퇴근 시 인사를 할 때에는 가벼운 묵례보다는 인사말을 곁들여하는 것이 좋다. 아무런 언어 표현 없이 고개만 꾸벅 하기보다는 밝고 명랑한 미소를 지으며 간단한 인사말을 곁들일 때 상대방에게 더욱 좋은 이미지를 전달할 수 있을 것이다.

32.
인맥이 많은 사람이
성공한다

⇒

인맥과 성공은
아무 상관이 없다

사회생활을 막 시작한 신입사원이 조직에서 누가 실세인지 파악하고 다니느라 바쁜 경우를 자주 본다. 이런 사람일수록 조직에서 힘없는 선배들은 안중에도 없고 어디로 라인을 탈까 궁리하며 회식 자리 쫓아다니기 여념이 없다. 혹시라도 라인을 잘 타게 되어 사내 정치에 성공했다 할지라도 그 영향력은 오래가지 않는다. 큰 조직일수록 변화가 심하기 때문이다. 오히려 라인에 힘이 떨어지면 한방에 훅 갈 가능성이 많다. 인맥에 기대려는 것 대신 자신의 실력을 키운 사람이라면 변화가 심한 환경일수록 승승장구하지 않을까.

　　인맥이라는 것은 철저하게 실력에 의해서 생겨난다는 것을 알아두어야 한다. 실력이 우선이지, 누구와 친분이 있는 것은 오래가지 못한다. 인맥이 유지되는 것은 서로에게 도움이 될 때에만 성립되는 것이다. 한쪽만 도움을 주는 관계라면 그것은 인맥이 아니다. 성취라는 것은 스스로 이루는 것임을 잊어서는 안 된다. 성취를 누군가 대신해 주지 않는다. 성취는 인맥에 의해서 이뤄진 결과가 아니라 실력에 의해서 일어난 결과물이다.

인맥은 성취의 본질이 아니다. 인맥은 부록이다. 사람과 사람과의 관계는 억지로 되지 않는다. 인간관계는 억지로 다가갈수록 멀어지게 된다. 목적이 있는 친분은 목적 상실과 함께 공중분해된다. 장사꾼은 결국 장사꾼들끼리 친해진다. 이런 인맥을 추구하면 추구할수록 사람들과의 관계는 허무해질 것이다. 사람들과 친해지려 노력하지 말고 사람들이 친해지고 싶은 사람이 되기 위해 노력하라.

그대가 자신의 힘으로 일어나고 성취한다면 인맥은 자연스럽게 생겨날 것이다. 그러니 본인의 상황을 인맥 탓으로 돌리는 생각은 접어라. 인맥이 없어서 정보도 없다는 것 또한 말이 안 된다. 정보는 잡으려고 하는 사람에게는 나타나게 되어 있다. 차라리 인맥을 추구하는 것보다 고급 정보로 가득한 서점이나 도서관에 가는 것이 정보 취득에 훨씬 도움이 될 것이다.

인간은 비슷한 사람들끼리 끌어당기는 힘이 있다. 고급 인맥은 그들끼리 붙어 다닌다. 고급 인맥을 만들고 싶다면 그들과 말이 통하는 사람이 되는 것이 우선이다. 그러니 먼저 사고의 폭을 넓히고 경험을 많이 해두어라. 경험이 많은 사람의 이야기는 누구나 듣고 싶어 한다. 외모를 치장하는데 돈을 쓰지 말고 경험하는데 투자해야 할 이유다.

인맥에 목을 매는 사람일수록 알맹이가 없다. 그들은 자신의 존재를 인맥으로 증명하려고 한다. 왜 자신의 존재를 스스로 증명하지 못하고 남들이 증명해 주기를 바라는가. 차라리 인맥을 구축할 시간을 자신의 존재를 구축하는 데 써라. 그러면 가만히 있어도 존재감 있는 사람이 될 것이고, 인맥은 알아서 딸려서 올 것이다. 부록에 집착하지 말고 본질에 충실하라. ■

33.
대열에서 이탈하면
낙오자가 된다

$\Rightarrow$

대열에서의 이탈은
성공의 근원이다

사회적 시계라는 것이 있다. 일정한 생물학적 나이에 도달하면 어린이집에 가야 하고, 학교에 입학해야 하고, 사교육을 받아야 하고, 입시를 준비해야 하고, 대학에 다녀야 하고, 취업해야 하고, 결혼을 해야 하고, 집을 사야 하고, 양육해야 하고, 자녀를 분가시켜야 하고, 노후를 준비해야 하고… 끝이 없는 레일 위를 달려야 한다.

　이 레일에서 조금이라도 벗어나면 주변에서 굉음을 알아서 울려준다. "삐———".

　지금은 이럴 때가 아니라며 레일에서 벗어나지 않도록 친절하게 알려준다. 하지만 이 레일을 스스로 탈출하지 않으면 일생을 평범이라는 감옥에서 벗어나지 못한다.

　우리가 살아갈 인생에 하늘에서 우리를 구원하기 위하여 동아줄을 내려주지 않는다. 얼마 전 방영된 드라마 〈황금의 제국〉에서 다음과 같은 대사가 나온다.

"해님, 달님, 호랑이는 쫓아오고 하늘에선 동아줄이 내려오고, 난 동아줄 안 잡습니다. 호랑이와 싸웁니다."

인생은 계속 자신 앞에 나타나는 호랑이와 같이 무서운 문제들과 끝없이 싸우는 일이다. 무엇으로 그 무서운 문제들과 싸울 것인가?

20대는 무수한 문제들과 싸우기 위해 무기를 준비하는 시기이다.

누가 8세가 되면 초등학교에 입학하라고 정했을까? 인간은 모두 다른 존재이다. 똑같은 사람은 세상에 단 한 사람도 없다. 사람들이 각기 다른 만큼 라이프 사이클도 다양하다. 사회가 깔아놓은 레일 위만 달리라고 누가 정해주었을까? 안타깝게도 아무도 정해주지 않았다. 하지만 이상하게도 모두 알아서 레일 위로 올라간다. 의무 교육 기간이 끝나게 되면 인생은 각자 알아서 살아가도 된다.

타인의 시선에 신경을 쓰는 사람일수록 정해진 선로를 이탈하지 않으려 애쓴다. 세상 사람들 모두가 레일 위를 반듯하게 걸어나갔다면 인류는 진보와 혁신을 거듭하지 못했을 것이다. 자신의 인생에 스스로 구경꾼이 되려면 군중 속의 삶을 추구해도 상관없다. 하지만 인생을 스스로 컨트롤하고 싶다면 키를 잡고 운전해서 삶의 오너드라이버가 되어야 한다.

남이 운전하는 차를 타면 어지럽다. 멀미가 온다. 내가 운전대를 잡고 있지 않기 때문이다. 하지만 자신이 운전하는 사람은 어지럽지 않다. 어디에서 속도를 낼지, 과속방지턱을 넘는지, 급정거할지 결정을 스스로 내리기 때문이다. 액셀러레이터를 밟는 것도, 브레이크를 밟는 것도, 핸들을 트는 것도 모두 본인이 결정한다.

간디는 인도의 지방 장관이었던 아버지를 두어 엘리트 코스인 영국 유학과 변호사라는 레일 위를 착실하게 걷다가 인종차별을 목격하고 레일 위에서 뛰어내린다. 빌 게이츠와 마크 주커버그는 하버드 대학이라는 레일에 탑승했지만, 창업을 위해 과감하게 선로를 이탈한다. 미국의 위대한 사상가이자 저술가인 헨리 데이비드 소로도 하버드 대학을 졸업하지만 안정된 직업을 갖는 정형화된 레일을 거부한다. 그는 월든 호숫가의 숲에 들어가 통나무집을 짓고 밭을 일구면서 자급자족을 한 경험을 세기의 명작《월든》을 통해 문명사회에 대해 통렬한 비판을 했다.

이처럼 세상을 움직이는 리더들은 정형화된 레일 위를 착실하게 달리는 사람이 아니었다는 사실을 알 수 있다. 오히려 주어진 레일 위에서 이탈하지 않는 사람은 평범이라는 범주를 벗어나지 못한다. 꽉 짜인 대열에서 과감하게 이탈해보라. 대열에 속한 채 평범한 사람들과 부대끼고, 정해진 나이에 따라 숙제를 하듯 인생을 살아가는 것을 거부해보라. 모든 사람이 열 맞춰 걸어가는 레일 위는 좁다. 거기서 벗어나지 못하면 평생 좁은 시야에서 답답하게 살아가야 할지도 모른다. 주어진 삶을 거부하라. 자신의 레일은 스스로 깔자.

스스로 레일을 깔아 놓는다는 것은 자신만의 플랫폼을 갖게 된다는 것을 의미한다. 스티브 잡스는 애플이라는 플랫폼을 만들었다. 아이폰이나 아이패드에서 앱을 다운받으려면 앱스토어를 거치지 않고서는 안 된다. 빌 게이츠도 마찬가지다. 컴퓨터를 작동시키려면 마이크로소프트의 윈도우를 사용해야 한다.

자신만의 플랫폼을 만든 사람은 모두 대열에서 이탈한 자들임을 잊지 말자. 모두가 정해진 레일 위를 한치도 이탈하지 않고 반듯하게 걸어간다고 해도 젊은 그대는 거기를 빠져나와야 한다. 남이 깔아놓은 레일 위에 올라탄다는 것은 곧 인생의 키를 남에게 쥐여주는 것이다. ■

인사 방법

1. 인사는 내가 먼저 밝은 표정으로 상황에 알맞게 해야 하며 가장 좋은 거리는 6보 정도 앞이다. 다만, 측방이나 갑자기 만났을 때에는 상황에 따라 즉시 한다.

2. 머리만 숙이지 말고 허리와 일직선이 되도록 상체를 숙인다. 인사 전후로 부드럽게 상대방의 시선에 초점을 맞춘다. 다리를 가지런히 하며 무릎 사이는 붙이고 "안녕하십니까?", "반갑습니다." 등으로 인사말을 주고받는다.

급한 업무 수행 중 손님이 찾아왔을 때

급한 업무 수행 중 손님이 찾아왔을 때에는 자리를 권하고 나서 기다리게 한 후 업무를 최대한 빨리 처리하고 손님 응대를 하면 된다. 기다리는 사람이 지루함과 어색함을 덜 느끼도록 사보나 그 밖의 읽을거리, 차 등을 미리 권하는 것도 좋다.

외부인 접객 예절

회사 방문객에 대한 정중함은 회사에 대한 호의와 직결된다. 그러므로 방문객을 접했을 때에는 자신이 주는 인상이 회사의 이미지에 영향을 끼친다는 점을 염두에 두고 항상 정중하고 친절해야 한다.

일을 하면서 손님을 맞는 태도, 손님의 질문에 곁눈질로 대답하는 태도, 동료와 잡담을 하거나 전화로 이야기하면서 인사를 하는 손님에게 답례를 하지 않는 태도 등은 상대방을 불쾌하게 할 뿐 아니라 회사의 이미지를 손상할 수도 있다. 일부러 찾아온 상대방의 수고를 생각하고 누구에게나 성의 있게 대하는 인상을 주도록 한다.

34.
방관자가 편하다

⇒

방관자는
처음에는 편하지만,
나중에는 대가를
크게 지불한다

우리나라에서 네 다리만 건너면 모두 아는 사이라고 한다. 미국도 다르지 않다. 여섯 다리만 건너면 모두 아는 사이다. 즉 내 문제는 곧 다른 사람의 문제가 될 수도 있고, 나와 전혀 상관없다고 생각한 것도 결국엔 내 문제가 될 수 있다. 세상은 혼자서 살아갈 수 없다. 특정 계층만 계속 이익을 보는 구조라면 그 사회는 반드시 붕괴된다. 이것은 역사가 증명해주고 있다. 공산주의의 탄생은 영국의 산업혁명으로 자본가들과 도시 빈민들의 극심한 빈부차가 원인이었다. 프랑스 대혁명도 시민의 고혈을 짠 세금으로 귀족들만 호의호식하며 살았기 때문이다.

친구들이 한 표를 행사하러 투표장에 갈 때 그대는 무엇을 했는가? 동기들이 등록금 인하 투쟁을 벌이며 땡볕에 몇 시간 동안 서 있을 때 그대는 무엇을 했는가? 자신의 권리를 쟁취하려 구성원들이 행동에 나설 때 그대는 무엇을 했는가?

그대가 오늘 누리는 권리는 누군가 피를 흘려 쟁취한 것이다. 그대가 편안하게 침대에 누워 있을 때 조금이라도 좋은 세상을 만들기 위해 행동으로 실천하는 사람들이 있었기에 가능했던 것이다. 그리고 세상은 이런 사람들 덕에 유지된다.

공익을 위해 발 벗고 뛰는 사람들 덕에 그나마 사람 사는 세상으로 거듭났다. 지금 그대가 누리고 있는 많은 것들이 사람이 사람답게 살아갈 만한 세상을 만들기 위해 피를 흘렸던 사람들 덕분이라는 것을 한시라도 잊어서는 안 된다. 그런데 그대는 고작 투표하러 가기 귀찮아서, 땡볕에서 서 있기가 싫어서 스스로 권리를 포기하지 않았는가. 함께 살아가는 우리 사회의 약자들을 위해 한 번이라도 발 벗고 행동으로 실천해보았는가?

당장 취업 걱정으로 잠이 오지 않을 지경이겠지만, 왜 그대가 취업이 되지 않는지 깊이 생각을 해 본 적은 있는가? 그렇게도 원하는 취업을 해도 결국 회사의 소모품에 불과하다는 걸 깨달았지만 왜 소모품으로 인생을 살아야 하는지 생각해 본 적은 있는가?

선거에서 소중한 권리 행사를 포기하고, 정치에 무관심으로 일관한 방관자들이 오늘의 정치 현실을 만들었다.

오늘 하루 방관자로 사는 것은 편하다. 하지만 미래의 어느 날 반드시 방관한 대가를 치르게 되어 있다. 집안이 넉넉해서 등록금 투쟁 같은 것은 남의 일이라 생각하는 그대에게 등록금 마련을 위해 숨이 차도록 아르바이트를 뛰는 친구가 있을지도 모른다. 정치하는 사람은 다 거기서 거기라는 편견으로 투표하지 않은 그대에게는 가족의 운명과 자신의 운명을 좌지우지하는 비리 정치인이 그대의 무관심 속에 당선되었을지도 모른다.

젊은 그대는 행동으로 보여줘야 한다. 세상을 향해 더욱 크게 소리쳐야 한다. 그래야 세상이 당신을 알아준다. 그대가 방관할수록 등록금은 더욱 비싸질 것이고, 취업전쟁은 심화될 것이다. 그대가 침묵할수록 세상은 더욱 부조리해질 것이다. 희망은 젊은 그대들이 만들어 나가는 것이다. 희망을 기성세대에게 양보하지 말길 바란다. 희망에 찬 세상은 기성세대들이 만들어 주는 것으로 생각하는 순간, 희망은 젊음에서 멀리 달아나 있을 것이다. ■

35.
나를 알아보고
키워주는 사람이
있을 것이다

⇒

그런 사람은 없다

20대인 그대를 돌봐준 사람들이 있을 것이다. 가정에서는 부모님께서 학교에서는 선생님께서 그대가 잘못된 길로 가지 않도록 꽉 붙들어 매 주었을 것이다. 또한 부모님과 선생님들은 그대의 조그마한 가능성이라도 찾으려고 노력했을 것이다. 하지만 학생 신분에서 벗어나고 리얼 월드로 진출하면 그대 자신이 가능성을 찾아가야 한다.

　리얼 월드에서는 가능성이 중요하지 않다. 그대를 고용한 고용주가 관심 있는 것은 가능성이나 잠재력이 아닌 최소의 비용으로 최대의 효과를 끌어내는 데 있다. 최소의 비용에서 뽑을 수 있는 기대치만큼의 효용이 없다면 바로 퇴출당할 것이다. 그것이 리얼월드에서의 생존 방식이다.

　막연하게 나의 가능성을 알아봐 주고 키워줄 수 있는 사람이 있을 거라고 기대하는 것은 마치 회사에 부모님처럼 나를 바라봐주는 존재가 있을 거라고 기대하는 것과 같다. 회사에서 나에게 조금이라도 관심을 두는 상사가 나의 가능성을 알아보고 키워줄 그 사람일 것 같지만 그 상사는 자신의 업무를 처리하기에도 바쁜 사람이다. 부하 직원들을 향한 관심은 상사의 보이지 않는 업무 중 하나이다.

병아리가 알을 깨고 나올 때 그 누구의 힘도 아닌 자신의 힘으로 스스로 세상으로 나온다. 신생아가 처음으로 고개를 가눌 때, 혼자 힘으로 일어설 때도 스스로 한다. 20대인 그대 또한 마찬가지다. 사회에서 인정을 받고 싶거든 혼자 힘으로 일어서라. 그대의 가능성은 스스로 알아보아라. 아무도 그대에게 이 길이 너의 길이며 가능성은 이만큼이라고 알려주지 않는다.

자아 정체성에 대해 가장 잘 알고 있는 사람은 자기 자신이다. 세상 사람들은 모두 각자 살기에 바쁘다. 대부분의 사람이 자기가 누구인지도 모르고 살아가는데 남을 어떻게 알겠는가. 참 자아를 찾는 것은 수많은 경험에 따라 만들어진다. 경험으로 습득한 것은 오직 본인만이 깨달을 수 있다. 이것은 결코 누군가가 대신해줄 수 있는 것이 아니다.

리얼 월드에서는 스스로 가능성을 믿는 자에게는 후한 점수를 주지만, 감이 떨어지기를 바라며 나무 밑에서 입을 떡 벌리고만 있는 자에게는 가혹한 평가를 한다. 그대가 앞으로 살아가야 하는 세상은 학교가 아니다. 가정도 아니다. 여기는 선생님도 부모님도 안 계신다. 지극정성으로 그대를 돌보아야 할 사람은 아무도 없다. 누군가에게 돌봄을 받아야 하고, 누군가에게 인정을 받아야 하는 사고방식에서 하루빨리 벗어나라.

가정과 학교라는 울타리는 더 이상 존재하지 않는다. 혹시 아직도 그 울타리가 견고하게 그대를 둘러싸고 있다고 생각한다면 과감하게 벗어던져라. 울타리가 클수록 자립의 길은 멀어진다. 이제는 새로운 울타리를 스스로 만들어야 할 때다. ■

36.
방황하는 시간은
인생을 좀 먹는다

⇒

20대에
방황하지 않으면
방황할 시간은
없다

스무 살이 되고 대학에 입학하니 주체할 수 없이 자유 시간이 많아졌다. 고등학생의 때를 벗고 새로운 삶을 시작하는데 친구들도 저마다의 생활이 있고 새로운 환경에서 외로움을 타기도 한다. 갑자기 찾아온 자유가 당황스럽다. 20대의 시작은 그렇게 성장통을 겪는다. 10대는 공부만 열심히 하면 사랑받을 수 있었고 주위의 인정을 받았다. 정답은 이미 나와 있었고 그렇게 레일 위를 열심히만 달린다면 삶은 어렵지 않을 것 같았다.

　자신의 길을 개척하는 것만큼 당황스러운 것이 없다. 나 자신을 모르는 것만큼 막막한 것이 없다. 무엇을 해야 하나. 나는 누구인가. 이런 질문을 하루에도 몇십 번씩 하는 그대는 지극히 정상이다. 청춘은 방황을 허락한다. 방황하는 자신을 받아들여라. 당연한 것으로 자각하라. 한 인간으로 성장하기 위해서 방황은 거쳐야 할 필수 과정의 하나이다.

앞으로 어디로 가야 할지 모르겠다면 여기저기 다 가봐라. 무엇을 해야 할지 모르겠다면 이것저것 다 해봐라. 가봐야 알고해봐야 알 것이 아닌가. 20대는 열매를 따거나 수확을 할 필요가 없다. 열심히 거름을 주고 뿌리를 내리는 시기다. 그래서 20대는 자유롭다. 자유를 즐겨라. 방황을 누려라.

처음 운전면허를 따던 날을 떠올려보자. 학원 차에 연습을 하려고 올라타도 두렵기만 하고 과연 내가 운전을 할 수 있을까, 험한 도로 위에서 사고 없이 무사히 갈 수 있을까 걱정되었을 것이다. 하지만 그것이 끝이 아니다. 면허를 따고 처음으로 혼자 운전대를 잡고 도로주행을 나갔던 날은 어땠는가. 도로 위에서 가슴 철렁한 일, 주차하면서 이곳 저곳 차를 긁은 일, 크고 작은 사고들을 겪어야 베스트 드라이버가 되듯이 인생도 마찬가지다. 자신이 이해하지 못하는 것 명확하지 않고 막연한 것에 두려움을 느끼지만, 그것을 이겨내면 한 단계 성장하는 것을 느낄 수 있다.

운전하면서 겪었던 에피소드가 운전을 두렵지 않게 하듯이 인생을 걸어가다 이런저런 방황을 겪지 않으면 세상으로 뛰어드는 것 자체가 두렵게 된다. 그래서 방황은 꼭 필요하다. 청춘에 방황을 겪어 보지 못한 사람은 중년이나 노년에 방황하게 된다. 인생에는 정해진 방황의 총량이 있다. 두렵다고 방황을 미루어 버리면 나이가 들어서 겪을 수밖에 없다. 청춘의 방황은 인생의 예방 주사다. 그러니 마음껏 방황하라. 예방 주사는 접종 나이가 정해져 있다. 인생을 건강하고 풍요롭게 살고 싶다면 때맞춰서 백신을 맞아두어라. ■

37.
나는
내 인생의 주인이다
$\Rightarrow$
20대는
사회의
노예 계층이다

확고한 자아 성찰의 경험이 없는 사람은 평생 노예로 살아갈 수밖에 없다. 인생 대부분을 남의 일을 해주러 출근하고 남의 생각대로 살고 사회에 자신을 끼워 맞추는 사람이 어떻게 자신의 삶의 주인이라 할수 있단 말인가. 자신이 노예인 것을 각성하는 순간 노예의 삶에 대해서 진지하게 생각해 볼 수 있다. 진짜 노예는 자신이 노예인 것조차 모른다.

20대는 법적인 성인이지만 경험치가 짧아 스스로 판단하고 능동적으로 행동하기가 쉬운 일은 아니다. 그래서 사회의 판단에 따르거나 부모님에게 자신이 정해야 할 가치 판단을 양보하기도 한다. 그래서 20대에 가장 필요한 것은 돈을 모으는 것도, 외모에 치장하는 것도, 물건을 구매하는 것도 아니다. 얼마나 다양한 경험을 했느냐이다. 자신이 노예인지 주체적으로 사는 자신의 삶의 주인인지는 사회에 나가서 사회를 겪어봐야 알 수 있다.

일반적으로 27세까지는 욕구를 컨트롤하는 능력이 약하다고 보는 연구보고서가 있다.

그래서 20대에 무분별한 신용카드 지출을 하기도 하고 소비 욕구를 채우기 위해 돈을 버는 것에 몰두하기도 한다. 20대의 자동차 보험료가 비싼 이유는 자신을 컨드롤 할 수 있는 정신적인 제어 능력이 부족하기 때문이다. 즉흥적으로 생각하고 위험을 인지하지 못하고 타인을 위한 배려심이 부족하다는 것이 연구를 통하여 내린 20대 보험료 산출 근거다. 자기 자신을 제어하지 못할수록 남에게 제어 받기가 쉽다.

그래서 자본주의 사회는 집중적으로 20대에 마케팅 포커스가 맞춰져 있다. 마케팅을 하면 할수록 잘 먹히는 연령대가 10대와 20대이기 때문이다.

젊음의 특권을 조장하며 옛것을 한순간에 퇴물로 만들어 버리고 신상품을 절대 가치로 인식하게 하는 마케팅은 나이가 든 사람들에게는 잘 통하지 않는다. 그들에게는 작고 빠르고 비싼 신상품이 가치가 없다는 것을 경험을 통해서 잘 알고 있기 때문이다.

세상 경험이 없는 10대와 20대는 얼마 후에 더 빠르고 더 작고 더 비싸진 신상품으로 대체되는 것에는 의미를 두지 않는다. 다만 작고 빠르고 비싼 신상품에 열광할 뿐이다.

명품 가방에 대한 욕망을 해소하지 못하고 한 달 월급보다 많은 돈을 털어 가방을 사는 것이 과연 인생의 주체로서 살아가고 있다고 할 수 있겠는가? 자신이 한 달 동안 일한 가치를 가방에 털어 넣는 것은 가방의 노예라는 증거다. 삶의 몇 가지 중요한 것 중 하나는 물질의 노예는 자신의 인생의 주인으로 살지 못한다는 것이다. 물질에 현혹당하면 당할수록 자신을 삶의 주체로서 세우는 일은 멀어진다. ■

38.
모난 돌이
정 맞는다
⇒
모난 돌은
특별하다

어딜 가더라도 적응을 잘하고 눈치가 빠르고 누구나 좋아하는 사람이라는 평가를 받고 있다면 지나치게 세상에 길들여졌다는 증거다. 세상에 순응하는 것은 청춘에 대한 예의가 아니다. 몸은 젊은데 머리는 늙어버린 젊은이들은 왜 그렇게 많은 것일까.

　사람들에게 비난받는 것이 두렵고, 싫은 소리 듣는 것을 피하게 된다면 세상과 적당히 타협하는 삶을 살게 된다. 지금은 타협하는 것을 배울 때가 아니다. 타협은 기성세대들의 피난처다. 그들의 피난처를 젊은 그대가 흉내 내려 하지 마라. 그러기엔 그대의 젊음은 눈이 부시다.

　좋은 게 좋은 것이 아니다. 둥근 게 둥근 것이 아니다. 좋고 둥근 무리의 심사를 건드리는 것을 두려워하지 마라. 좋고 둥근 무리의 둥지를 박차고 나와라. 모든 사람에게 사랑받을 수 없다. 또한 모든 사람에게 사랑받을 필요도 없다. 싫은 소리를 견뎌라. 세상 사람들에게 모두 사랑받으려 했다가는 단 한 사람에게도 사랑받지 못한다. 만인의 연인에게는 진정한 연인이 없다. 싫은 소리를 견디지 못하는 연약한 마인드로는 진짜 어른이 되지 못한다.

사람들이 모난 돌이라고 그대를 비난해도 감사하게 생각해라. 모난 돌로 불린다는 것 자체가 참 자아를 찾아가는 과정이기 때문이다. 사회와 집단, 가정과 다른 가치관과 사고방식을 가지고 있는 것은 당연히 갈등이 생기게 마련이다. 갈등을 두려워하지 마라. 위대한 것은 갈등 없이는 탄생하지 않는다. 주위의 비난에 아랑곳하지 마라. 그래야 세상과 맞설 수 있는 맷집이 생긴다.

엘론 머스크(Elon Musk, 1971~)는 남아프리카 공화국 출신으로 캐나다를 거쳐 미국에 정착했다. 20대에 온라인 결제 서비스 페이팔(PayPal)을 만들었다. 젊은 나이에 억만장자가 된 엘론은 이베이에 페이팔을 1조 6천억 원에 매각했다. 그는 막대한 재산이 있음에도 안락하고 사치스럽게 사는 기성세대 부자들의 삶을 거부했다. 대신 상용화되기 어렵던 전기차를 만드는 기업(TESLA MOTORS)을 창업하여 고급 전기차를 대중화시켰으며 전기차 관련 특허를 모두 공개했다. 또한 민간인 최초로 우주항공 사업에 도전해서 정부 주도 사업이라고 여겨졌던 우주 항공 분야에 뛰어든다. 민간인 최초로 로켓을 쏘아 올려 국제 우주 정거장과의 도킹에 성공하게 된다.

엘론 머스크나 스티브 잡스처럼 인류의 삶에 근본적인 혁신을 추구하는 사람들은 모난 돌이 되는 걸 즐겼다. 엘론 머스크가 전기 자동차와 우주 비행 사업에 도전한 것도, 스티브 잡스가 개인용 컴퓨터 사업에 도전한 것도 모두 20대에 이뤄진 일이다. 그들이 20대에 세상에 순응하고자 했거나, 적당히 타협하려고 했다면 테슬라 전기 자동차도, 민간 우주 비행기도, 아이맥도, 아이폰도, 아이패드도 존재하지 않았을 것이다.

20대에 모난 돌이 되는 경험을 해보지 못한다면 평생 하고 싶은 소리 한 마디 하지 못하고 살게 되는 답답한 인생을 맞이하게 된다. 모난 돌이 되는 것도 한번 해보면 별거 아니라는 것을 경험한 사람만이 알게 된다. 청춘에는 기꺼이 모난 돌이 되어라. 강자에게 순응하는 것은 젊음이 아니다. 주어진 세상에 자신을 끼워 맞추지 마라. 무기력한 젊음은 젊음이 아니다. 자유를 갈구하고 순응을 거부하라! ▪

39.
돈과 권력에는
머리를 숙일 줄도
알아야 한다

⇒

돈과 권력에
아첨하는 것은
젊음이 아니다

젊은 시절 여러 가지 경험 중 가장 가치 있는 것 중 하나가 어떤 권위에도 억압받지 않고 자신의 목소리를 당당하게 내는 것이다. 싫은 것은 싫다고 당당하게 말하고, 옳지 않은 것은 옳지 않다고 거침없이 주장하는 청춘이 많은 사회는 건강하다. 사회의 부조리를 알기도 전에 돈과 권력에 굽실거리고 아첨하는 젊은이가 많은 곳은 미래가 없다.

옳은 소리 한번 내지 못하는 청춘들이 미래의 주역이 될 사회에 어떤 희망이 존재할 수 있겠는가. 일본 지성계의 거장 다치바나 다카시는 이런 현상을 몸은 젊은데 마음은 이미 늙어버린 젊은이라 칭했다. 이미 20대에 마음이 늙어버린 중늙은이로 살기를 자처하는 청춘이 많다. 마음이 노인처럼 늙어버리면 새로운 생각을 받아들이지 않고 자신의 신념만이 옳다고 믿는 폐쇄적인 사고방식으로 세상을 보게 된다. 사회에 새로운 활력을 불어넣고 혁신과 변화를 주도해야 할 젊은이들이 노인들처럼 보수주의자가 되어가는 사회를 과연 건강하다고 볼 수 있을까.

세상의 리더들은 자신의 생각을 완성한 생각의 대가들이다. 이들은 확고한 자기 철학을 가지고 있다. 그래서 자신의 목소리를 내는데 주저하지 않는다. 이들은 거침없이 세상을 향해 자기의 소리를 낸다. 자기 철학이 없는 사람이 돈과 권력에 아첨하게 된다. 세상에 내놓을 자신의 생각이 없는데 무엇을 무기로 세상과 맞설 수 있겠는가.

나이가 들어 가족의 생계부양자가 어쩔 수 없이 돈과 권력에 머리를 숙이는 것은 그럴 만한 이유라도 있다.

그대는 온 가족의 생계 부양자인가?

인생을 힘들게 살다 보니 목구멍이 포도청이라 하고 싶은 소리 하나 못하고 사는 한 가정의 가장인가?

세상의 힘에 굴복하는 것은 나이가 든 다음에 해도 늦지 않다.

막강한 세력에 굴복하는 것을 당연하다고 하는 사고방식에서 탈피하라. 그들이 그대의 삶을 좌지우지하지 못하게 하라. 돈과 권력이 있는 사람에게 꼼짝 못하는 자는 그들에게 굴복하는 것이 당연하다고 여기는 사람이다. 돈과 권력 앞에 당당해지는 것을 선택한다면 아무리 막강한 세력이라 할지라도 그대의 삶을 컨트롤하지 못한다.

젊은 시절부터 자기 목소리를 내는 것도 습관이고 경험이다. 한번 세상을 향해 크게 소리쳐본 사람은 다음에는 더 큰 소리를 낼 수 있다. 20대는 부조리한 권력에 투쟁할 수 있는 유일한 시간일지도 모른다. 돈과 권력에 아첨하지 않는 것은 세상에 대한 도전이다. 젊은 그대여, 세상에 실컷 도전해라! 비록 도전이 힘들고 아플지라도 도전을 하는 것을 멈추면 안 된다. 도전을 멈추는 순간 성장도 멈춘다.

도전하기를 멈추지 않는 사람만이 세상의 변화를 이끌고 혁신을 주도한다. 끝없이 도전을 시도하는 사람의 미래는 돈과 권력에 아첨하는 자들의 머리 위에 있을 것이다. 도전이 곧 성장이기 때문이다. 하지만 돈과 권력에 일찌감치 머리를 숙인 자들은 20대부터 노인의 삶을 사는 퇴보하는 인생을 걷게 된다. 일찌감치 노인이 되고 싶다면 돈과 권력에 머리를 조아려라. ■

40.
사회의 어두운 면은
알아두는 것이 좋다

⇒

어두운 면에 집중하면
어두운 인생을
살게 된다

그대는 지금 무슨 생각을 하고 있는가? 그대가 오늘 하는 생각이 그대의 내일이다. 사람은 생각으로 미래를 만든다. 지금 우리 주변에 실제로 존재하고 있는 것들은 과거 누군가의 생각에 따라 만들어졌다. 전기는 에디슨에 의해, 자동차는 헨리 포드에 의해, 비행기는 라이트 형제의 생각에서 탄생한 것들이다.

에디슨과 헨리 포드, 라이트 형제의 생각 이전에 전기와 자동차 비행기는 지구 상에 존재하지 않았다. 실체가 없는 것을 실체로 만드는 것이 바로 생각하는 힘이다. 그런 위대한 생각을 고작 사회의 어두운 면을 알아보는 데 집중하면 어떻게 되겠는가. 가난에 집중하면 가난한 미래가 온다. 삶의 고통에 집중하게 되면 삶이 고통스러워진다. 그래서 생각을 조심해야 한다.

사람은 하루에도 많은 생각을 하며 살아간다. 생각의 수준은 곧 그대가 어떤 사람인지 알려준다. 그리고 생각은 어떤 미래를 살아갈 것인지도 알려준다. 무의식은 의식을 지배한다. 웃는 얼굴의 사람과 가까이하고 싶은가, 우울한 얼굴을 한 사람과 가까이하고 싶은가? 사람들은 누구나 환하게 웃는 얼굴을 선호한다.

그대가 오늘 하는 생각은 무의식에 저장된다. 부정적인 생각을 계속하다 보면 무의식은 부정적이게 된다. 그리고 부정적인 무의식은 부정적인 의식, 즉 현실로 나타나게 된다. 그대의 생각을 원하는 것에 집중하라. 밝은 미래, 꿈을 이룬 모습, 원하는 이성과 행복한 결혼 생활을 하는 것에 생각을 집중하라. 원하는 것을 상상하게 되면 결국 원하는 미래를 위해 바로 지금 무엇을 해야 하는지 알게 된다.

어두운 생각을 하다 보면 얼굴빛이 좋지 않게 변한다. 표정에 담긴 생각은 감추기 어렵다. 어두운 생각도 습관이다. 걱정은 병이다. 두려움은 영혼을 갉아먹는다. 세상을 이끌어 나가는 리더들은 좋은 생각을 하기 위해 엄청난 노력을 기울인다. 링컨은 백악관을 벗어나 별장으로 가서 생각에 몰두했다. 그 결과 노예해방 선언문이 탄생할 수 있었다. 빌 게이츠는 아예 생각 주간이라는 것을 만들어 2주일간 외부와 차단된 숲 속 통나무집에서 생각에만 골몰한다.

좋은 생각은 삶 전체를 주관한다. 자신의 인생을 뜻대로 펼치고 싶다면 생각을 컨트롤하라. 원하지 않는 것을 생각하면서 두려움에 빠지지 말고 원하는 것에 생각을 집중하는 습관을 만들어라. 정신의학계의 권위자 이시형 박사는 건강 장수의 70%가 밝고 긍정적인 마음이 만든다고 강조한다.

어두운 생각은 어두운 현실을 불러들이고, 밝은 생각은 밝은 현실을 창조한다. 자신의 미래를 알고 싶다면 지금 그대가 어떤 생각을 하고 있는지 알아보면 된다. 그대는 걱정과 두려움에 떨며 온갖 부정적인 생각을 하고 있는가? 아니면 비전을 구체적으로 설정하고 그 비전을 실현한 자신의 모습을 생생하게 떠올리며 환한 표정을 짓고 있는가?

스스로 의식을 조종하라. 좋은 생각, 상쾌하고 행복한 느낌, 가슴 두근거리는 영감으로 의식을 꽉 채워라. 그것은 무의식에 저장되어 현실로 나타날 것이다. 무의식은 의식을 창조하며, 의식은 현실을 창조한다. 세계 최정상급 스포츠 스타들이 왜 그렇게 이미지 트레이닝을 목숨 걸고 하고 있는지 이유를 조사해보아라. ■

20대! 인생의 오너드라이버가 되어라

41.
지금 사귀는 사람보다
좋은 사람은
만나지 못할 것이다

⇒

세상에
좋은 사람은
차고 넘친다

20대에 가장 큰 벽이 있다면 그것은 외로움이다. 혼자 있는 시간을 견디지 못한다면 더 큰 외로움에 빠질 수 있으니 고독을 피하지 말고, 차라리 혼자가 되는 시간을 적극적으로 만들어라. 사랑하는 사람도 언젠가는 떠나게 된다는 사실을 받아들이자. 하나의 문이 닫히면 또 하나의 문의 열리는 것은 자연의 법칙이니 혼자가 되었다고 조바심을 낼 필요는 없다.

사랑하는 사람과의 이별은 사람을 성숙하게 한다. 그래서 진정한 사랑을 위해 거쳐야 하는 과정이다. 이별의 과정과 경험이 없다면 진짜 사랑이 찾아와도 알아보지 못한다. 사랑이 늘 서툴렀던 사람은 그만큼 많이 성장할 수 있는 경험을 쌓은 것이다. 아픈 만큼 성숙한다. 이별은 그저 사랑이 끝난 것이다. 사랑에는 실패도 성공도 없다.

헤어진 사람보다 좋은 사람은 많다. 이별은 또 다른 이성을 만날 기회이다. 시간이 흐른 후에 이별에 가슴 아파했던 시간은 축복으로 기억될 것이다. 사랑하는 사람과 헤어져 봐야 진짜 사랑을 하게 된다. 진짜 사랑은 과거를 훌훌 털고 일어나는 사람에게 빨리 다가온다.

단지 외롭다고 적당한 이성과 데이트를 하고 있다면 인생 또한 적당하게 살게 된다. 좋아하지도 않는 이성을 좋아하려고 노력하지 마라. 외롭다고 아무나 만나지 마라. 이것은 자신의 가치를 스스로 깎아 먹는 행위이다. 아무도 사귀지 않는다는 것을 주위에서 알아야 소개팅이 들어오듯이 그대 옆에 적당한 누군가가 있다면 진짜 사랑을 만날 기회를 스스로 차단하는 것이다.

혼자 있는 시간을 즐기고 혼자 일어설 줄 아는 사람만이 다른 사람과도 함께 일어설 수 있다. 감정적으로 의존하는 태도는 10대들이나 하는 것이다. 그대는 이미 성인이고 혼자서도 잘 살아갈 수 있다. 사랑을 잃었다고 세상 모두를 잃은 것은 아니다. 자기 자신만 잃지 않는다면 사랑은 언제고 다시 찾아온다. 사랑을 찾으려고 자신을 잃어버린다면 사랑도 자신도 찾을 수 없게 된다.

헤어진 그 사람은 이제 좋은 모습만 가슴속 깊이 간직하고 보내주

자. 과거와 결별하지 못한다면 미래는 오지 않는다. 헤어진 데는 다 이유가 있다. 혼자되는 것이 두려워 헤어진 사람과 다시 만난다면 똑같은 이유로 다시 헤어지게 된다. 그대는 행복한 새로운 사랑을 선택할 수 있다. 사랑을 다시 시작하기에 그대는 젊고 눈부시다. 우울한 얼굴은 우울한 현실을 가져다준다. 운명의 사랑이 빨리 다가오도록 환하게 웃자! 새롭게 찾아올 사랑을 기대하며 웃어라.

웃으면 복이 온다. 사랑도 온다. 누구나 웃는 얼굴을 좋아한다는 것을 잊지 말자. 복이 와야 웃는 것이 아니다. 사랑이 와야 웃는 것이 아니다. 먼저 웃어라. 사랑이 다가올 가능성과 기회는 어디에나 있다. 웃음은 원하는 것을 좀 더 쉽게 다가오게 한다. 연인과의 이별을 슬퍼하기에는 그대는 너무 젊다. ■

42.
안정된 삶을 추구해야 한다

⇒

안정된 삶을
추구하는 것은
곧 불안정한 인생을
살게 된다는 것이다

20대는 철저하게 도전을 해야 할 시기다. 안정을 추구하다가 40대 이후의 남은 인생을 쪽박 차게 될 가능성이 높아지고 있다. 세계가 양극화로 빠르게 치닫고 있기 때문이다. 부모님이 경제 활동을 왕성하게 하던 시대는 안정을 추구해도 먹고살 만했다. 중산층이 두터웠고 승자 독식 자본주의가 심화되지 않았던 시절이었다. 대기업이 운영하는 대형마트도 존재하지 않았고 골목 상권도 활성화되어 있었다. 기업에 고용되면 정년을 보장받던 시대였다. 하지만 신자유주의 자본주의는 정년을 보장하지 않는다. 기업은 좀 더 젊은 조직을 원한다.

　안정의 뿌리가 그대 자신으로부터 나오는 것이 아니라면 삶은 외부 환경에 의해 흔들리게 된다. 다시 말해 유일무이한 존재가 되면 안정적인 삶은 딸려오게 된다. 하지만 이런 존재가 되려면 젊은 시절 안정을 추구하는 것과는 거리가 먼 삶을 살아야 한다.

박지성이 축구 선수의 삶을 불안정한 것으로 인식하고 안정을 추구하며 공무원 시험을 준비했거나 대기업 취업을 목표로 삼았다면 어떻게 되었을까? 김성근 감독이 안정된 삶을 추구하며 감독직에서 잘리는 것이 두려워 소속 프로야구팀 경영진에게 사탕발림 같은 소리만 했더라면 명장이 될 수 있었을까?

중요한 것은 안정이 아니다. 안정을 추구하는 것은 인생의 키를 내가 아닌 남에게 맡겨두는 꼴이다. 안정을 추구하는 대신 실패하고 넘어지더라도 도전하는 것을 선택해라. 20대에 안정을 추구하면 40대부터 불안정해지기 시작하지만 20대에 도전을 선택하면 40대부터는 안정된 삶을 누리게 될 것이다.

성취라는 트로피는 안정을 추구하는 사람에게는 가지 않는다. 안정적인 삶을 추구한다는 것은 인생을 수동적으로 운행한다는 것이다. 수동적인 사람은 다른 사람들이 다 먹고 남긴 것을 가질 수밖에 없다. 실제로 안정을 추구하는 샐러리맨의 수입은 겨우 먹고살 정도밖에 되지 않는다. 샐러리맨이 부자가 되려면 욕구를 최대한 자제하고 20년 이상 빠듯하게 저축하는 생활을 해야 한다. 그러면 서울에 집 한 칸은 마련할 수 있을 것이다. 실제로 봉급생활자의 임금은 모든 물가가 다 오르고 난 후 가장 나중에 인상된다.

20대에 안정 대신 도전을 선택하는 사람은 인생을 능동적으로 산다. 그들은 자신이 원하는 것을 분명히 알고 있다. 또한 목표를 향해 무섭게 돌진한다. 40대부터 눈부신 성취의 삶을 살아가는 사람들이 20대를 어떻게 보냈는지 조사해 보아라. 생각의 초점을 '안정'에 두지 않았다는 것을 알게 될 것이다. ■

43.
꿈은
현실적이어야 한다

⇒

현실적인 것은
꿈이 아니다.
그냥 위시 리스트다

현실적인 꿈은 꿈이 아니다. 그것은 버킷 리스트나 위시 리스트의 삶이다.

꿈은 바람이나 희망이 아니다. '세계 여행', '스카이다이빙', '미슐랭 가이드가 선정한 레스토랑 방문' 같은 것은 꿈이 아니다. 아무리 세계 여행을 해도, 스카이다이빙을 해도, 맛집을 찾아다녀도 존재 자체에 변화가 없는 것이라면 그것은 꿈이 아닌 위시 리스트이다.

꿈을 이룬다는 것은 존재 자체를 완전히 다르게 변하게 하는 것이다. 현실적으로 이룰 수 있는 것들은 꿈이 아니다. 목표 설정이 능력의 차이를 만들기 때문이다. 우리의 마음속에는 누구에게도 말하지 못하는 마음의 장애가 존재한다. 낮은 자존감, 열등감, 피해의식 등, 때문에 실수하는 것을 두려워하고, 부족하고 능력 없음이 드러날까 봐 자기 자신의 꿈을 친구들이나 가족들이 비웃을까 봐 당당하게 외치지 못한다. 새우잠을 자더라도 고래 꿈을 꾸어야 한다. 모든 사람은 꿈을 꾼다. 하지만 그 꿈의 실체를 들어보면 꿈이라고 할 수 없을 정도로 초라하고 작은 꿈들이 대부분이다.

중국 속담에 '막대기만큼 바라면 바늘만큼 이루어진다.'는 말이 있다. 작은 꿈은 쉽게 이룰 수 있지만 위대한 큰 꿈은 이루지는 못할지라도 간절히 바라던 꿈 근처에는 가게 한다. 얼마나 큰 꿈을 꾸는가는 전적으로 그대에게 달려있다. 기왕 꾸는 꿈이라면 큰 꿈을 꾸는 게 이득이다. 그만큼 꿈에 가까이 가는 확률이 높아지는데, 왜 작은 꿈을 꾸면서 움츠린 인생을 살아가는가.

꿈과 목표는 사람을 성장시키는 힘이 있다. 더 큰 꿈과 더 큰 목표는 사람을 더 크게 성장시킨다. 꿈은 성취의 씨앗이다. 씨앗을 뿌려라. 큰 꿈을 친구나 가족에게 알리는 것을 부끄러워하지 말고 당당히 선포하라. 이제부터 자신의 꿈을 지켜내기 위한 전쟁을 선포하라. 그대를 사랑하는 사람들은 그대의 꿈이 현실에 맞지 않으니 포기하고 안정된 삶을 살라며 그대의 어깨를 토닥이며 손을 잡을 것이다. 과감하게 그 손을 뿌리쳐라.

꿈을 꾸는 것은 지극히 능동적이다.

대한민국의 현실은 20대까지의 삶은 수동적이다. 학교에서 하라는 교과 공부, 입시 공부, 대학에 와서는 취업 준비, 취직해서는 조직에서 짜인 일을 잘 수행해야 하는 것이 임무였다.

한 번이라도 능동적인 삶을 경험해본 적이 있는가?

꿈을 꾸는 것이야말로 능동적인 삶의 시작이다.

꿈은 사람들의 얼굴 생김새만큼이나 다양하다. 꿈을 꾸는 것은 완전히 자유다. 꿈을 꾸는 것은 인간만이 누릴 수 있는 특권이다. 어떤 생각을 하든 그 누구도 그대의 꿈을 막을 수 없다. 내 마음대로 꾸고 내 마음대로 추구할 수 있는 것이 바로 꿈이다. 이 흥미롭고 능동적인 경험인 꿈 꾸기에 가능하면 한살이라도 어릴 때 뛰어들어라! 주어진 삶에서 벗어나는 가장 확실한 방법은 바로 꿈을 꾸는 것이다. 그것도 아주 거대한 고래 꿈을 꾸어라. 꿈을 이루는 도구는 이미 그대에게 있다. 꿈을 이룰 수 있게 하는 도구는 바로 그대의 생각이다. ■

44.
나의 경쟁자는
우리과 동기
혹은 입사 동기다

⇒

나의 적은
과거의 나다

성공을 하기 위해서는 남을 뛰어넘어야 한다는 사고방식을 가지고 있다면 당장 바꿔라. 성공이라는 것은 남과의 경쟁이 아니다. 어제의 자신과의 경쟁이다. 남을 이기겠다는 생각 자체가 성공과 거리가 멀어지게 하는 사고방식이다. 이 세상의 부와 가난, 성공과 실패 등 모든 것은 자신이 만든다. 사회가 부를 만들어 주는 것이 아니다. 또한 성공을 가능하게 하는 것은 타인이 아니다. 내가 아니면 이 세상에서 나를 성공시켜 줄 존재는 아무도 없다.

남과의 경쟁에서 이겨야만 한다는 사고방식이 뿌리 깊이 퍼진 까닭은 어릴 적부터 상대 평가인 학업성적의 영향 때문이다. 짝꿍이 나보다 시험을 잘 보면 내 성적표의 등수는 떨어진다. 원하는 대학에 친구가 붙으면 내 자리 하나가 없어지게 된다. 이것이 입시 교육의 폐해다. 이렇게 경쟁 위주의 교육을 받다 보니 다른 아이들보다 모든 면에서 우위를 차지하는 것만이 지상 목표가 되어버린 입시 교육의 괴물이 되어버린 사람이 많다.

사회는 학교와는 다르다. 남보다 우위를 드러내고 싶어 하고 타인을 경쟁자로만 인식하는 사고방식을 유지하고 있는 사람과는 아무도 같이 일을 하고 싶어 하지 않는다. 세상이 원하는 인재는 팀플레이에 강하고 협업에 능수능란한 사람이다. 동료를 적으로 생각하는 사람에게 신뢰가 쌓이겠는가. 동료를 경쟁자로만 인식하는 사람과 같이 일하고 싶은 생각이 들겠는가?

인간과 인간은 서로에게 가지지 못한 재능을 나누면서 세상을 발전시켜 나간다. 우리는 서로에게 경쟁자가 아닌 협력자이다. 경쟁자는 오직 과거의 자신이다.

학교라는 온실을 벗어난 리얼 월드에서는 사람을 시험 성적으로 평가하지 않는다. 사람들과 얼마나 잘 소통할 수 있느냐, 타인과 얼마나 잘 협력할 수 있느냐, 사회에 얼마나 훌륭한 가치를 줄 수 있느냐로 평가한다. 소통하고 협력하고 가치를 만들어내는 데는 시험을 볼 필요도 없고 자격증 딸 필요도 없다. 아무리 명문대를 나왔다 해도 세상에는 뛰는 사람 위에 나는 사람이 있게 마련이다. 그대보다 우위에 있는 사람은 언제나, 어디에서나 있게 마련이다.

타인의 시선을 의식하고, 경쟁 상대로만 인식한다면 진정한 발전이 있을 수가 없다. 자신의 주변 사람들을 적으로 만들고 싶다면 학교 동기나 입사 동기를 경쟁 상대로 설정해도 된다. 하지만 진짜 적은 남이 아닌 자신이라는 깨달음이 있다면 마음이 편해질 것이다. 결국 세상 밖으로 나타난 현실은 모두 그대 자신이 만든 것이라는 것을 깨닫는 첫 번째 과정은 경쟁자가 바로 과거의 자신이라는 것을 아는 순간이다. 인생의 방향을 남과 싸워서 이기는 것에 두면 삶이 황폐해진다. 하지만 자신을 성장시키는 것에 두면 삶은 풍요로워진다. ■

45.
엄친딸, 엄친아는
운이 좋은 사람이다

⇒

운을 믿는다면
아무것도 하지
말아야 한다

타인의 성공 비결을 단지 집안 배경이나 운으로 단정 지어 버린다면 그대는 결코 그를 이기지 못할 것이다. 오히려 엄친딸, 엄친아가 아닌 것을 다행으로 여겨야 실력으로 정면 승부하게 될 것이다. 사람이 타고난 복은 다양하다. 부모 복이 있는 사람, 형제 복이 있는 사람, 친구 복이 있는 사람, 배우자 복이 있는 사람 등 인간관계에서도 다양한 복이 존재한다.

　　그런데 문제는 항상 남의 복이 더 커 보인다는 것이다. 그래서 엄마 친구 아들이 넘을 수 없는 벽처럼 느껴지는 것이다. 그러나 엄친아의 실체를 알고 보면 생각이 달라질 수도 있다. 그대가 생각하는 그 엄친아는 그대를 엄친아로 여길지도 모른다.

　　15년 전 엄친딸이었던 주변 사람 중 아직도 엄친딸로 남아있는 경우는 없다. 명문대 출신인 엄친딸 B는 대학을 졸업하기도 전에 방송국에 입사했다. 입사한 지 얼마 되지 않아 퇴사하고 유학을 다녀왔고 20대 중반에 엄친아와 화려한 결혼을 했다. 15년이 지난 지금 그 엄친딸은 이혼녀가 되었고 결혼과 동시에 일을 그만두고 주부의 삶을 살았기에 이혼 후에는 직업도 없이 생활고에 시달리고 있다.

15년 전 명문대를 최고의 성적으로 입학한 엄친아 C는 큰 사업체를 운영하는 아버지를 둔 덕에 대학 시절부터 스포츠카를 몰고 다녔다. 젊은 호기로 스포츠카를 몰다가 사고가 나면 아버지의 운전기사를 호출해 뒤처리를 맡겨 놓고 놀러 다니기에 바빴다. 골치 아픈 일은 집안의 고용인들에게 해결하도록 하고 재벌 행세를 하고 다니던 그는 아버지가 뜻하지 않게 투자 사기를 당해 가세가 기울자 도망치듯 미국으로 떠났다. 결국 집안의 송금이 끊기자 식당에서 아르바이트로 생계를 유지하고 있다.

명문대 졸업, 재력 있는 집안, 완벽한 백그라운드를 갖췄던 그들에게 15년 동안 무슨 일이 일어난 걸까? 영원히 지속되는 것은 없다. 더욱이 그것이 본인의 힘으로 이룬 것이 아니라면 인생은 환경에 의해 이리저리 흔들리게 된다. 그들의 영광은 집안이 경제적으로 정점에 있을 때나, 대학을 졸업하고 2~3년 안에 끝나고 말았다. 왜 그랬을까? 그것이 자신의 것이 아니기 때문이다.

사람마다 타고난 운의 총량이 있다. 그 운은 모두에게 공평하게도 딱 한 컵이다. 초년에 운을 다 쓴 사람은 노년 운이 없다. 초년에 운이 없었던 사람은 노년에 운을 쓰게 되어 있다. 인간이 똑같이 정해진 양의 운이 있다는 의미는 운이라는 것은 없는 것과 마찬가지다. 그러니 매사를 운을 탓하지 말고 실력이 없음을 탓해라. 운을 탓하지 말고 생각의 비루함을 탓해라. 엄친아나 엄친딸로 태어나지 못함을 원망하거나 가지지 못한 것에 대해 불평해 보았자 그대에게는 아무런 이득이 없다. 타고난 운명 같은 것은 없다. 운명은 스스로 창조하는 것이다. 삶의 성취는 환경이 만들어 주는 것도 아니요, 부모가 만들어 주는 것도 아닌, 자기 자신이 쟁취하는 것이다. 스스로 운명을 만들어 나갈 수 있는 이유는 인간이라면 누구나 자신의 생각을 컨트롤하는 힘을 가지고 있기 때문이다. 그러므로 운명은 그대의 생각이 결정한다. 운명은 생각에 따라 시시각각 변할 것이다.

프랑스의 식민지 코르시카 섬 출신인 나폴레옹은 스스로 프랑스 황제의 자리에 올랐다. 심지어 나폴레옹은 대관식에서 황제의 관을 교황이 씌워주는 관습을 거부하고 스스로 황제의 관을 썼고, 아내 조세핀의

왕관도 직접 씌워주었다.

피겨 여왕 김연아도 마찬가지다. 라이벌이었던 일본의 아사다 마오와의 스케이팅 환경의 차이를 두고 이런 말도 있다.

"피겨의 신은 일본에 아사다 마오를 보냈다. 그리고 한국에는 자신이 직접 내려왔다."

김연아가 아사다 마오와 라이벌인 시절에 일본의 스케이트장은 142개, 우리나라는 37개였다. 그 37개 중 11곳은 국제규격에 미달되는 곳이었다. ■

조문 예절

1. 남성 조문객의 옷차림 : 현대의 장례예절에서는 검은색 양복이 원칙이다. 검은색 양복이 준비되지 못한 경우 감색이나 회색도 실례가 되지 않는다. 와이셔츠는 흰색으로 하고 넥타이, 양말, 구두는 검은색으로 한다.

2. 여성 조문객의 옷차림 : 검은색 상의에 검은색 스커트를 입는 것이 가장 무난하다. 검은색 구두에 무늬가 없는 검은색 스타킹이 좋다. 그밖에 장갑이나 핸드백도 검은색으로 통일시킨다. 또한 되도록 색채 화장은 피하는 것이 바람직하다.

3. 조문 절차
   ① 외투는 밖에서 벗는다. 호상소에서 조객록(고인이 남자인 경우) 또는 조위록(고인이 여자인 경우)에 이름을 기록하고 부의금을 전달한 후 영정 앞에 분향이나 헌화, 절을 한다.
   ② 분향의 요령은 홀수인 3개 또는 1개의 향을 들고 불을 붙여 입으로 끄지 말고 손으로 세 번만에 끈 후 향로에 꽂고 묵례하고 기도하거나 절을 한다.
   ③ 헌화 시에는 꽃송이를 가슴 부위까지 들어 올려 묵례를 하고 꽃송이 쪽이 나를 향하도록 하여 헌화한다. 다시 묵례를 하고 기도나 절을 한다.
   ④ 절을 할 때는 손은 평상시 공수와 반대로 남성은 오른손이 위로, 여성은 왼손이 위로 오도록 (흉사시 공수) 하고 잠시 묵례하며 명복을 빈 후 큰절을 두 번 올린다. 일어서서 다시 허리를 조금 숙여 인사하며 엄숙하게 예의를 표한다. 종교를 갖고 있는 사람은 종교의식에 따라 기도 또는 묵념을 한다.
   ⑤ 고인에게 평상시 절을 하지 않아도 되었던 상대인 경우에는 절을 하지 않는다.(예, 자녀, 손자, 친구의 자녀 상 등)
   ⑥ 상제에게 맞절을 하고 위로의 인사말을 한다. 절은 상제가 먼저 시작하고 늦게 일어나야 한다.

4. 인사말
   ① 상제의 부모인 경우 : "얼마나 망극하십니까?" (망극(罔極)이란 말은 부모상에만 쓰인다.)
   ② 상제의 아내인 경우 : "위로 드릴 말씀이 없습니다."
   ③ 상제의 남편인 경우 : "어떻게 말씀드려야 좋을지 모르겠습니다."
   ④ 상제의 형제인 경우 : "상을 당하셔서 얼마나 비감하십니까?"
   ⑤ 자녀가 죽었을 때 그 부모에게 : "얼마나 상심하십니까?"

46.
대중적인 것이
좋은 것이다

⇒

대중적인 것은
정신 나간 것이다

대중문화는 10대가 없으면 그 존재가 성립될 수 없을 정도로 10대 의존성이 강하다. 이유가 무엇일까? 대중문화는 10대의 감수성을 파고들어 성장한다. 10대의 정체성은 독특하다. 그들은 아이도 아니고 어른도 아니다. 감수성은 극도로 예민해서 감각적인 것을 자극하면 쉽게 반응이 온다. 10대들이 부여받은 지상 과제란 오직 교과 공부밖에 없기에 그들은 자신들에게 해방감을 느끼게 해주는 것에 열광한다. 20대인 그대는 이제 대중문화에 열광하는 것을 10대에게 양보하라.

10대 시절에 꿈을 찾고 참 자아를 찾아가는 아이들은 대중문화에 열광하지 않는다. 그럴 시간이 아깝다는 것을 잘 알기 때문이다. 김연아가 연예인을 쫓아다닐 시간이 있었겠는가? 좋아하는 배우의 드라마를 챙겨 보고 일거수일투족을 꿰뚫고 있었을까? 김연아가 대중문화에 열광한 것이 아니라 대중들이 김연아에게 열광했다. 이처럼 비범한 인생을 살고 싶다면 대중을 쫓아가지 말고 대중이 나를 쫓아오게 하라.

사람들은 대체로 물건을 살 때도, 인생의 방향을 결정할 때도, 영화를 선택할 때도 베스트셀러를 선택한다. 하지만 대중이 가지 않은 길을 갈 때 대중을 리드할 수 있다는 것을 알아야 한다. 부자가 되는 길도 마찬가지다. 모든 사람들이 열광하는 길은 이미 레드 오션이다. 레드 오션에서는 승리를 쟁취하기는커녕 살아남기조차 힘들다. 살아남는 것도 온 힘을 다해 피비린내 나는 극심한 경쟁을 해야 하는 곳이 레드 오션에서의 삶이다.

주식 투자나 부동산도 마찬가지다. 대중이 가는 길로 가면 백전백패다. 진정한 고수는 대중과 항상 반대 방향에 서 있는 사람들이다. 증권 거래소에 대학생과 아이를 안고 온 주부들까지도 기웃거리는 상황이라면 이미 과열 상태다. 그때 투자에 들어간 사람들은 당연히 손해를 보고 나온다. 부동산도 모두가 빚을 내서 집을 산다면 과감하게 집을 팔고 나와야 할 때다. 상투를 잡고 투자를 한다는 것은 내려갈 길밖에 없다는 것을 의미한다.

자기 자신의 식견이 갖추어져 있지 않은 사람은 다른 사람이 좋아하는 것을 자신에게도 좋은 것이라 여긴다. 식견이 좁다함은 자신의 취향이나 생각의 체계마저도 제대로 갖추지 못했음을 의미한다. 그래서 그렇게 많은 사람들이 남이 좋아하는 것을 나에게도 좋은 걸로 착각한다.

투자의 귀재 워렌 버핏의 명언이 있다. 바로 "대중과 달라져라."이
다. 사람도, 상품도, 서비스도 대중적인 것들과는 달라져야 가치가 높
아진다. 다이아몬드가 누구나 가지고 있는 흔한 광물이라면 그만큼 회
소성이 떨어져 값싸게 거래될 것이며, 대중들 또한 다이아몬드에 열광
하지 않을 것이다. 생각하지 않고 맹목적으로 대중을 따라가게 되면 당
장은 안전하다고 느낄지도 모르겠지만 사실 그것은 가장 위험한 길로
가는 것임을 명심하라. ■

47.
외모는
경쟁력이다

⇒

외모에 신경 쓰는
사람의 내면은
공허하다

마음의 눈이 열려 있지 않다면 사람의 내면보다 외면을 집중하게 된다. 하물며 외모에 민감한 20대는 오죽하랴? 외모는 사람의 시선을 단숨에 잡아끄는 도구이기는 하다. 하지만 궁금한 것이 있다면 아름다운 외모의 기준이 어디에 있는지, 그 기준은 누가 세웠는지 모른다는 것이다.

성형 미인들의 얼굴은 왜 비슷한 것일까? 미스코리아는 왜 처음 보는 사람들 앞에서 수영복 차림으로 돌아다니는 걸까? 동양인은 원래 다리가 짧고 서양인과 비교하면 얼굴이 큰 편이다. 하지만 누가 다리가 긴 것이 우월하고 얼굴이 작은 것이 아름답다 했을까. 미디어에서 강요된 일관적인 아름다움의 기준은 조작된 것이다. 그래야 멀쩡한 사람을 수술대에 눕히고 성형 수술을 할 수 있기 때문이다.

짧은 다리와 큰 얼굴을 가지고 있는 것은 병이 아니다. 병이 아니므로 수술을 받을 필요가 없다. 하지만 미디어는 큰 얼굴을 병으로 몰아간다. 사각 턱이 병인가? 사각 턱으로 살면 죽기라도 한단 말인가. 왜 사각 턱 소유자들을 죽음을 무릅쓰는 수술대에 눕히는 것일까. 왜 미스코리아에는 키 작은 여자는 나오지 않는 걸까? 누가 키 큰 여자만 아름답다 했는가.

20대는 꾸미지 않아도 아름답다. 피부는 빛나고, 육체는 건강하다. 아무리 허름한 옷을 입고 있어도 반짝이는 20대다. 외모로 판단 받고 싶은 사람이 되고 싶다면 외모에 신경 써도 된다. 하지만 진짜 실력은 외모로 나타나는 것이 아니다. 아무리 성형을 해서 뛰어난 외모를 갖게 된다고 해도 내면이 공허하면 빛나는 외모는 아무짝에도 쓸모가 없다. 우리가 아는 위대한 사람들의 외모는 어떠한가? 손정의가 뛰어난 미남인가? 그는 대머리에다 단신이다. 힐러리 클린턴이 할리우드 배우 뺨치는 미모의 소유자인가? 그녀의 20대 시절 사진을 찾아보아라. 떡진 머리카락에 커다란 뿔테 안경을 기본 옵션으로 외모에는 전혀 신경 쓰지 않았다는 것을 알게 될 것이다.

스티브 잡스는 까만 터틀넥에 청바지만 입고 다녔다. 페이스북의 창립자 마크 주커버그는 회색 티셔츠만 입고 다니기로 유명하다. 진정한 내실을 다지는 사람은 외모에 신경 쓰는 시간조차 아깝다고 생각한다.

236

외모에 의해 평가받는 직업을 예를 들어보자.

패션모델은 거식증에 걸렸거나 섭식 장애 환자가 많다. 자신을 평가하는 잣대가 외모이기 때문에 식사 한 끼 편하게 먹지 못하는 것이다. 그런 삶이 행복해 보이는가? 사람이 나이를 먹으면 주름이 생기고 살이 찌는 것은 자연의 섭리다. 진짜 실력이나 내면의 가치로 평가받고 있는 사람에게는 외모는 중요하지 않다.

내가 아는 그녀는 고등학교 시절 깜찍하고 귀여운 모습의 매력적인 여자였다. 하지만 본인은 귀여운 외모보다 서구적인 이목구비의 얼굴을 원했다. 대학생이 되자마자 기다렸다는 듯 여러 차례 성형수술을 했다. 코는 좀 더 높이고 쌍꺼풀은 진하게, 원래도 갸름했던 턱은 더욱 브이라인으로 고쳤다. 여기서 그녀의 성형수술이 멈췄다면 그나마 다행이었을 것이다. 수술을 하고 보니 기대만큼 만족할 수 없자 또 수차례 성형을 감행했다. 하지만 수술 전이 더 예쁘다는 주위 반응에 때늦은 후회를 해보지만, 아직도 그녀의 성형수술은 계속되고 있다.

그저 좀 더 나은 외모를 위해 성형을 감행하는 것은 심사숙고하길 바란다. 나이가 들면 성형수술한 사람의 대부분이 뼈저린 후회를 한다는 것을 알아두었으면 한다. 외모를 위한 성형보다는 내면의 가치에 투자하지 않은 것을 평생 후회하면서 살아보았자 이미 시술된 성형을 되돌리지 못한다.

20대인 그대가 힘쓸 것은 외모가 아니다. 외모에 신경 쓰는 사회일지라도 그런 분위기에 휩쓸려서 자신의 원래 모습을 잃어버리고 성형 수술대에 누워버리면 안 된다. 그럴 시간과 에너지와 돈을 내면의 파워를 키우는 데 써라. ■

자동차에서의 예절

1. 여성과 동승할 때에는 승차 시 여성이 먼저 타고, 내릴 때에는 남성이 먼저 내려 차 문을 열어준다. 윗사람과 함께 탈 때에도 마찬가지이다.

2. 중요한 거래처 손님이나 윗사람과 함께 차를 탈 때 좌석 배치도 신경 쓰는 것이 좋다. 운전기사가 있을 경우, 뒷자리 오른편이 상석이며 왼쪽과 가운데, 앞자리 순이므로 서열에 맞춰 앉고 가능하면 운전석 옆자리에 앉는 것은 피한다. 그러나 자가운전자의 차인 경우에는 자진해서 운전석 옆자리에 앉는 것이 통례이며 그곳이 상석이 된다. 그리고 뒷좌석의 오른편이 제2상석, 맨 왼쪽이 제3석, 중앙이 말석이 된다.

3. 운전자의 부인이 차에 동승한다면 조수석은 운전자 부인이 앉게 된다.

4. 우리나라는 택시의 경우 자동차의 우측통행으로 인하여 도로에서 정차한 경우 안전을 위하여 하위자가 먼저 안쪽으로 들어가고 상위자가 나중에 탄다.

48.
30대가 되면
일도, 사랑도
안정될 것이다

$\Rightarrow$

30대는
숫자일 뿐이다

막연하게 미래를 기대하는 것만큼 어리석은 것은 없다. 살다 보면 남들만큼은 살겠지, 시간이 가면 보통은 되겠지, 평범하게는 살 수 있겠지라는 막연한 기대는 인생을 막연하게 만든다. 아무것도 하지 않고, 아무것도 도전하지 않고, 아무것도 실패하지 않고, 아무것도 경험하지 못하고, 아무것도 이루지 못한 채 30대가 된다. 30대가 되어도 안정은 커녕 제 앞가림도 못 할 수도 있다. 사고방식을 바꾸지 않고 20대를 보내면 그렇게 되는 것은 당연하다.

주변을 한 번 둘러보아라. 막연하게 30대를 맞은 인생 선배들이 어떻게 살고 있는가를. 그대가 원하는 모습은 아닐 것이다.

본인이 진정 원하는 미래가 있다면 막연하게 생각하고 행동하지 말고 뚜렷한 미래를 생생하고 구체적으로 떠올려라. 30대가 되기 전에 어떤 생각을 해야 할 것인지, 어떤 경험을 해야 하는지 구체적으로 적어 보아라. 그리고 적어 놓은 것을 언제나 눈에 띄는 곳에 크게 붙여라!

그리고 온몸의 신경 세포에 꿈이 각인되게 하여라. 눈만 감아도 그대가 원하는 30대가 생생하게 펼쳐질 정도로 상상하라! 날아갈 듯이 기분이 좋아질 것이다. 그 기분을 유지하고 원하는 30대가 될 것을 믿어 의심치 말고 구체적인 생각과 해야 할 행동 목록을 목숨처럼 소중히 여기고 항상 지니고 다녀라. 성취를 이룬 사람들은 모두 공통적으로 이 방법을 썼다. 오프라 윈프리, 오바마 대통령, 힐러리 클린턴, 아놀드 슈왈츠제네거, 짐 캐리 등은 자신이 원하는 것을 한시라도 잊은 적이 없는 사람들이다.

무엇을 간절히 원한다면 그 절심함에 맞는 행동이 있어야 한다. 말로만 간절한 것은 의미가 없다. 구체적인 플랜이 필요하다. 아무것도 시도하지 않은 채, 세상이 내가 원하는 대로 되기를 바란다면 아무 일도 일어나지 않을 것이다.

막연하고 안일하게 꿈 목록조차 없는 사람은 능력도 경험도 내세울 것도 없는 초라한 20대의 모습에서 벗어나지 못한다. 대부분의 사람들이 서른을 맞이하면서 이구동성으로 말한다. "이렇게 아무것도 한 것 없이 서른이 될 줄 몰랐다." 면서 서른 앓이를 시작하며 방황을 한다. 서른은 방황을 마치고 성취를 향해 전속력으로 날아가야 할 시기다. 이런 시기에 넋두리하면서 방황을 시작하는 서른 살 먹은 어른, 아이들이 많다는 현실에 대해서 가슴 깊이 생각해보아야 한다.

나이를 먹으면 자동으로 성취가 따라오는 것이 아니다. 이제 그대도 법적인 성인이니 나잇값을 해야 한다. 그대가 스스로 성인이라는 자각이 없다면 서른이 될 때쯤 되어서야 비로소 이제 어른이 되었으니 나잇값을 해야 한다고 깨달을 것인가. 서른에 스무 살이 해야 할 일을 그때야 치르고 있을 것인가. 20대를 그냥 보내게 되면 30대에 20대의 삶을 살아야 한다. ■

49.
교양서적은
가능한 빌려보는 것이
돈을 아끼는 길이다

$\Rightarrow$

빌리는 것은
내 것이 아니다

대학생들의 한 달 용돈은 평균 45만 원으로 조사되었다. 이 중 서적 구입비는 얼마나 될까? 충격적이게도 대학생이 읽는 책은 한 달에 한 권이라고 한다.

　밥 먹고 커피 마시는 돈은 아깝게 생각하지 않으면서, 책의 구입으로 소비되는 비용은 아까운지 교양서적은 물려받거나 단행본 서적은 도서관에서 대출해 보려고 한다. 책에 들이는 비용만 보아도 20대가 학문을 사랑해서 대학에 다니는 것이 아님을 알 수 있다. 그대가 가장 많이 투자를 한 품목이 바로 그대가 어떤 사람이 될지를 보여주는 것이다. 식사하는데, 커피 마시는데, 술 마시는데 들어가는 돈이 대부분이라면 그저 먹고살기 급급한 미래가 다가온다는 것을 알 수 있다.

　모두가 책을 사보지 않고 빌려보더라도 그대만큼은 꼭 책을 사서 보아라. 나이가 들면 알 것이다. 청춘에 읽는 책들이 인생에 얼마나 영향을 많이 주었는지를. 그런데 그 책들이 빌린 책이라면 나에게 무슨 책이 영향을 주었는지 어떻게 알 수가 있단 말인가. 인생을 살아갈 가치관을 만들어주고, 삶의 방향을 정해준 청춘의 책은 빌려보는 순간 온전히 그대의 것이 되지 못한다. 빌린 돈이 그대의 돈이 아니듯, 빌린 책은 그대에게 영향을 주지 못한다. 인생의 등대를 빌릴 것인가, 내 것으로 소유할 것인가. 아무리 도서관에서 책을 많이 대출해서 읽는다고 해도 빌려본 책이 나의 소유가 될 수는 없다.

일본 지성계의 거장 다치바나 다카시는 학교를 다니며 아르바이트한 돈의 절반을 책값으로 썼다고 한다. 그는 아랍어를 공부하고 싶어 한 달 수입의 30%를 아랍어 개인 레슨을 받는 데 썼더니 들인 돈이 아까워서 아랍어를 필사적으로 공부했다고 한다. 다치바나 다카시가 책을 사는데 들인 돈, 아랍어를 배우는데 들인 돈은 곧 그것의 가치가 얼마만큼인지 알려준다.

자신의 가치를 높이는 것 중 가장 확실한 결과를 볼 수 있고 금전적으로 가장 저렴한 것이 책이다. 그런데 책 사는 돈마저 아끼고 그것을 빌려본다면 어떤 방법으로 가치를 높일 것인가. 좋은 책은 인생을 변화시킨다. 책은 한번 사면 언제든지 꺼내 볼 수 있다. 작가가 평생에 걸쳐 쌓은 인생의 노하우를 식사 한 끼 값 정도에 얻는다는 것은 거의 공짜나 다

름없다. 책을 통해 접할 수 있는 정보를 다른 방법으로 알아본다고 가정해보자. 빌 게이츠의 인생철학을 알아보려 미국에 있는 빌 게이츠를 만나려고 하면 시간과 비용이 얼마나 들까? 하지만 그 많은 시간과 노력과 비용을 투자하더라도 빌 게이츠를 직접 만난다는 보장은 없다. 빌 게이츠가 자신의 인생철학을 써 놓은 책은 시중 서점에서 친구와 마시는 커피 한 잔 값이면 구입할 수 있다. 빌 게이츠를 만나러 미국까지 갈 필요가 없는 것이다.

최소한의 비용을 들여 최대한의 효과를 얻으려면 책이라는 것은 빌려보면 안 된다. 책은 자신의 가치에 대한 최소한의 투자다. 이런 작은 투자조차 하지 않는다면 앞으로의 인생에 무엇을 기대할 수 있단 말인가. 대부분 책을 쓴 사람들은 자신의 뚜렷한 주관과 탐구적인 생각으로 인생을 살아가고 있는 경우가 많다. 그 경험을 글로 표현한 것이 바로 책이다. 책의 힘을 과소평가하는 사람은 성공은커녕 작은 조직의 리더 노릇조차 하기 힘들다.

독서광들은 외롭지 않다. 책 읽는 즐거움을 알기 때문이다. 세상의 그 어떤 장난감보다 책 읽는 시간이 행복하기에 누군가를 만나지 않아도 된다. 주말에 약속을 잡을 필요도 없다. 책 속의 세상은 무한대다.

그대가 누구를 만나고 싶어 하든, 원하는 인물은 책 속에 있다. 책 읽는 사람은 내면의 변화를 겪는다. 내면의 변화를 겪은 사람은 자기 자신을 변하게 하고 세상을 변하게 한다.

책을 읽는다는 것은 저자의 사고방식을 머리와 마음에 스며들게 한다는 것이다. 그래서 젊은 시절에 양서를 다독한 사람은 사고방식이 또래에 비해 비교할 수 없을 만큼 성숙하다. 책이라는 매체를 통해 훌륭한 사람들의 사고방식을 이미 간접경험 했기 때문에, 사회에 진출해서도 뛰어난 성과를 낼 가능성이 많다. 책을 읽는다는 것은 곧 세월을 버는 것이다. 그대는 적은 돈을 들여 시간을 벌 것인가, 그 적은 돈도 쓰는 게 아까워서 개미처럼 갖은 고생을 해가며 성실과 노력만을 무기로 삼을 것인가. ■

소개의 원칙

다음의 세 가지 원칙을 알아두면 어디서 누구를 소개하더라도 예절에 어긋나는 일이 없을 것이다.

1. 반드시 남성을 여성에게 소개한다.

2. 반드시 손아랫사람을 손윗사람에게 소개한다.

3. 반드시 덜 중요한 사람을 더 중요한 사람에게 소개한다.

일반적인 호칭에 관한 에티켓

1. 친구나 동료처럼 대등한 위치에 있는 사람이라면 자연스럽게 이름을 부른다. 그러나 회사 내에서는 이름 뒤에 '씨' 자를 붙여 부름으로써 상대를 존중함은 물론 사무실 내의 공적인 질서를 유지하도록 한다.

2. 나이와 지위가 다르더라도 상급자로부터 어떻게 불러달라는 말이 있게 되면 그에 따라 호칭하도록 한다.

3. 사회적 지위가 높은 사람이나 전문 직업인, 손윗사람에 대해서는 그에 맞는 경칭을 사용하도록 한다.

각도에 따른 인사법

1. 15도 : 눈인사에 해당하는 것이지만, 상체를 약간 구부린다. 머리만 굽히지 않도록 주의한다. 비교적 가까운 사람에게 한다.

2. 30도 : 가장 일반적인 인사법이다. 특히 중요한 상대에게 한다. 서두르지 말고 천천히 하는 것이 좋다.

3. 45도 : 최고의 예의를 말한다. 마음을 담은 감사나 사과를 할 때 필요하다.

50.
공기업이나 공무원은
신의 직장이다

⇒

공기업 직원,
공무원이 된다는 것은
스스로 가능성을
차단하는 것이다

20대의 그대가 자신의 장래 희망 직업을 혹시 공무원이 되는 것으로 목표로 삼았다면 그대가 꿈꾸는 경제적으로 풍요로운 생활에 대한 기대는 접어두는 것이 좋다. 공기업의 연봉이 사기업보다 많다고 한들 경제적 성공과는 거리가 멀다. 경제적인 성공을 누리려면 60세가 지난 뒤, 평생 욕구를 자제하며 빠듯하게 살아가야 할 것이다. 인생은 길고 젊음은 순간에 지나간다. 그대의 황금 같은 열정과 에너지를 왜 한계에 가두어두려고 하는가.

　경제적인 주제를 벗어나도 쇠도 씹어먹을 정도로 패기 넘치는 20대에 주관적인 자신의 생각도 없이 생계를 위한 조급함에 떠밀려 공무원이나 공기업에 입사하겠다는 것은 정신적 조로(早老)증이다. 공무원이나 공기업에서 일하는 것은 일률적이고 정해진 순서를 밟는 인생을 살게 된다는 의미이다. 그대가 아무리 빛나는 창의성을 가지고 있다 해도 그걸 펼치기엔 적당하지 않은 직업이다.

새는 새장에 갇혀 있는 것보다 하늘을 자유롭게 날아다니는 것이 의미 있다. 공무원이 되려고 공무원 시험의 세계에 한번 들어가 보라. 왜 누구나 발을 들여놓는 레드오션에서 피 터지게 싸우는 길을 스스로 선택하려 하는가. 그렇기엔 젊은 그대는 가능성이 너무나 많다. 20대의 경험을 가지고 손익계산서를 두드리고 결정을 내렸다 해도 20대는 아직 무엇이 손해이고 무엇이 이익인지 옳은 결정을 내리기가 어렵다.

공무원 시험은 누구나 응시할 수 있다. 공무원 시험은 학벌이나, 성, 경제적 배경, 외모, 출신 지역을 따지지 않는다. 시험 점수로만 평가받는다. 경쟁률이 높아서 그렇지 시간을 투자하면 누구나 공무원이 될 수 있다. 누구나 될 수 있기에 경쟁률이 높고, 누구나 될 수 있기에 공무원을 꿈꾼다. 하지만 누구나 응시할 수 있는 이 시험을 치르기에는 그대의 젊음이 너무나 눈부시다. 그대가 가지고 있는 시간이라는 자원이 아깝다.

자기계발서를 읽는 사람이라면 누구나 한 번쯤은 접해보는 이름이 있을 것이다. 공병호 소장. 그는 공기업 연구소에서 공익을 위해 열심히 일하던 중 이런 질문과 마주하게 된다.

"내 젊음을 공익 비즈니스에 쓰긴 너무 아깝지 않은가? 나 자신을 위해 쓰자."

그는 젊음의 유한함을 깨달았다. 자신을 위해 일을 하기로 결심한 공병호 소장은 국내에 자기 계발 분야를 만든 작가 1호다. 그는 없는 길을 스스로 개척하며 자신만의 길을 만들었다. 그는 여전히 자기계발서 시장의 독보적인 존재다. 공병호 소장이 자신의 '젊음'이란 강력한 무기를 깨닫지 않았더라면 어떻게 되었을까? 세상 사람들은 공병호란 이름을 알지 못했을 것이고, 그는 자신의 커다란 가능성을 펼쳐보지도 못한 채 노년을 맞이했을 것이다.

자신의 자원과 가치를 깨달은 사람은 공무원이 되거나 공기업에서 일하려고 하지 않는다. 왜냐하면 그곳은 개인의 가치를 인정해주지 않고 그만큼의 보수를 제공하지 않기 때문이다. 아무리 당신이 시큰둥한 얼굴을 하고 시간 보내기가 특기인 옆자리의 입사 동기보다 발 벗고 뛰면서 열심히 일해도 그만큼의 정당한 대가를 받을 수가 없는 곳이다.

적당한 삶을 사는 것을 목표로 삼는 것은 청춘에 대한 예의가 아니다. 그대는 원대한 꿈을 품어야 하는 빛나는 청춘이다. 청춘이 아니면 이런 꿈을 꾼다는 것 자체가 사치스러운 일이 된다. 작은 소망을 품기에는 그대의 청춘이 아깝다. 큰 꿈을 품지 않으면 자신의 가능성이 얼마만큼인지 알지 못한다. 기회를 스스로 닫지 마라. 큰 기회가 자신에게 올 수 있도록 가능성을 활짝 열어놓아라. 어차피 인생 대부분은 일하면서 살아가야 한다.

24시간 중 8시간 이상을 일하며 살아가야 하는데 60세까지 일을 한다고 하면 인생의 많은 시간을 즐겁지 않은 일을 하고 살아가야 한다. 한번 사는 인생 즐거운 일을 하며 보내는 것이 정신 건강에도 좋다. 인생의 대부분 시간을 가능성을 차단하고 억지로 살아갈 것인가, 가능성에 도전하며 이상적인 멋진 인생을 펼쳐 나갈 것인가. ■

글을 마치며

폭풍 같은 20대를 거치며 드는 생각은 세상은 예상보다 살기 좋은 곳이며. 인생은 기대했던 것보다 아름답다는 것이다.

영원할 것만 같은 젊음은 순식간에 멀리 날아가고 어느새인가 머리 칼이 하얗게 세기 시작한다. 그때쯤이면 젊음은 이미 돌이킬 수 없는 것이 되어버린다. 나이 들어서 젊음을 그리워해 보았자 이미 때는 늦는 다. 이 책을 집필하게 된 동기는 20대의 청춘들이 앞으로 자신들이 살 아갈 세상을 사랑했으면 하는 바람에서 출발했다.

우리를 변하게 하는 것은 오직 사랑이다. 세상을 변하게 하는 것도 사랑이다. 세상을 변하게 하려면 나부터 변해야 한다. 나를 바꾸지 못하는 사람은 절대 세상을 바꿀 수 없다. 그대 자신을 있는 그대로 사랑하기 위해서 진부하고 나약한 생각을 바꿔야 한다. 생각이 바뀌면 행동을 바꿀 수 있다. 생각부터 바꿔야 한다. 그래야 어떤 행동을 하면 좋을지, 어떤 방향으로 나아가야 할지 보이기 때문이다.

기성세대가 만들어 놓은 개미지옥에서 무엇을 보았건, 젊은 그대는 그것을 바꿀 수 있다. 세상을 바꾸려면 20대가 강해져야 한다. 사고방식이 달라져야 한다.

오늘부터라도 당장, 눈부신 젊음에 부끄럽지 않도록 굳어버린 머리를 털어내고, 안된다고 하지 말고, 그대가 가진 젊음이라는 무기를 꺼내어 보라. 그리고 그 무기로 무라도 썰어보자고 생각하라. 무를 썰 수 있다면 쇠도 자를 수 있다고 생각하라. 쇠를 자를 수 있다면 탁한 이 세상도 쪼갤 수 있다고 생각하라.

그리고 완벽하게 자신을 믿어라. 젊은 그대를 막을 수 있는 것은 아무것도 없다는 것을. ■

참고 문헌

《빌 게이츠@생각의 속도》- 빌 게이츠

《빌 게이츠는 왜 생각주간을 만들었을까》- 대니엘 패트릭 포레스터

《호텔 왕 힐튼》- 콘래드 힐튼

《나는 이런 책을 읽어왔다》- 다치바나 다카시

《피가 되고 살이 되는 500권 피도 살도 안되는 500권》- 다치바나 다카시

《인생에서 가장 소중한 것은 서점에 있다》- 센다 타쿠야

《선악의 저편, 도덕의 계보》- 프리드리히 니체

《인간적인 너무나 인간적인》- 프리드리히 니체

《아웃라이어》- 말콤 글래드웰

《스노볼》- 앨리스 슈뢰더

《순수 이성 비판》- 엠마누엘 칸트

《실천 이성 비판》- 엠마누엘 칸트

《엘론 머스크, 대담한 도전》- 다케우치 가즈마사

《에릭 슈미트, 새로운 디지털 시대》- 에릭 슈미트

《스티브 잡스》- 월터 아이작슨

《불황 없는 소비를 창조하라》- 샘 월튼, 존 휴이

나를 위한 하루 선물

서동식 지음 | 양장 | 376쪽 | 값 13,000원

소중한 자신에게 선물하는 행복한 하루!

나를 변화시키는 하루 한 마디 《하루 선물》. 이 책은 온전히 나 자신을 위한 지식과 교훈, 마음의 위로와 긍정적인 에너지를 줄 수 있는 글귀들로 구성되어 있다. 365 매일매일 가슴에 새겨넣을 글과 함께 나를 변화시키는 하루 확언을 수록하여 이전보다 더 긍정적인 마음과 목표의식을 가지고 살아갈 수 있게끔 용기를 주고 내면에 힘을 보태어준다.

내면의 소리에 맞추어 지혜롭게 인생의 길을 개척하고, 무의미한 걱정을 하느라 인생을 낭비하지 않고, 성실함으로 미래를 준비하여 기회를 잡고, 영감을 통해 모든 문제의 해결책을 찾고 새로운 기회를 만들어 내는 등 다양한 지침을 수록하여 행복하게 살아갈 수 있도록 도와준다.

365 매일매일 나를 위한 하루 선물 2

서동식 지음 | 양장 | 400쪽 | 값 13,000원 |

365 매일매일 당신을 위한 선물들을 찾아가세요.

인생이라는 기회는 단 한 번뿐입니다. 게으름과 두려움에 망설이고 망설이고 있는 지금 이 순간에도 우리의 옆으로 미소를 지으며 혹은 비웃으며 지나가고 있습니다.

우리는 얼마나 이 소중한 인생을 가볍게 보고 있었나요? 우리는 얼마나 미지근하게 인생을 마시고 있었나요? 다시 우리의 인생을 뜨겁게 데워야 합니다. 게으름이 아닌 열정으로 두려움이 아닌 용기로 미지근한 인생을 뜨겁게 달구어야 합니다. 다시 뜨거워진 열정으로 새로운 희망을 생각해야 합니다. 이 책은 우리가 놓치고 지나쳤던 우리가 기억하지 못하는 나를 위한 선물들을 찾아가라는 책입니다.

인생 편집

서정현 지음 | 304쪽 | 값 13,000원

오늘의 내 모습은 과거의 내가 편집한 결과이다.
삶의 모든 순간이 편집이다.

인생이 한 권의 책, 한 편의 드라마, 한 편의 영화라고 생각한다면 어떤 부분을 살리고 어떤 부분을 과감히 삭제할지 감이 설 것이다. 그렇게 작품의 완성도는 점점 높아진다. 인생 역시 그러한 과정을 거쳐 명품 인생으로 탄생한다.

하루하루 인생의 마지막 날처럼 살아라

이대희 지음 | 조인북스 | 320쪽 | 값 14,000원

날마다 오늘이 당신의 맨 마지막 날이라고 생각하라.
날마다 오늘이 맨 처음 날이라고 생각하라.

《하루하루 인생의 마지막 날처럼 살아라》는 유대인의 탈무드를 한국인의 시각에서 정리한 책이다. 탈무드는 유대인의 책이지만, 모든 인간에게 해당되는 보편적인 진리의 내용을 담고 있다. 이미 잘 알려진 탈무드의 짧은 격언을 오늘의 삶에 적용하고 대안을 찾는 방식으로 정리했다. 이 책을 통하여 5천 년의 역사를 갖고 있는 한국인에게도 유대인의 탈무드 교육과 같은 놀라운 시도가 시작되길 기대한다.

꿈꾸며 살아도 괜찮아

서동식 지음 | 양장 | 248쪽 | 값 14,000원

자신의 꿈을 놓치지 마세요.
세상은 우리에게 꿈꾸며 살라고 말한다. 하지만 정말 꿈을 가지고 살기 시작하면, 세상은 갑자기 다른 말을 한다. 꿈을 꾸며 살라던 세상은 우리에게 꿈이 이루어질 수 없는 이유만을 말한다. 너는 이래서 안 돼, 저래서 안 돼, 온통 안 되는, 포기해야 하는 이유뿐이다.
이제부터 당신은 자신의 꿈을 지켜내기 위한 전쟁을 해야한다. 당신의 꿈을 반대하는 모든 것들로부터 당신을 지켜내야한다. 당신을 사랑해주는 사람이라 할지라도 꿈을 향한 길을 방해한다면 적극적으로 방어해야 한다. 아무것도 하지 않으면 당신의 인생은 다른 사람들에 의해 이리저리 끌려 다니기만 할 것이다.

그저 그런 20대를 보낸 사람이 30대에 변화하기 위해 알아야 할
좋은 습관 리스트 100

센다 타쿠야 지음 | 박은희 옮김 | 양장 | 236쪽 | 값 13,000원

당신의 인생을 업그레이드 해줄 좋은 습관을 기르자!
뇌는 어떤 자극도 주지 않고 가만히 내버려두면 일상적으로 반복되는 거의 모든 일을 무차별적으로 습관화시킨다. 이 무차별적으로 행동을 습관화하기 때문에 이른바 나쁜 버릇이 생긴다. 습관을 근절할 수는 없지만, 습관을 바꿀 수는 있다. 나쁜 습관을 좋은 습관으로 바꾸는 노력이 필요하다. 열망은 습관을 만드는 원동력이다. 열망을 자극하면 새로운 습관을 더 쉽게 형성할 수 있다. 하루아침에 습관을 바꾸고 또 새로운 습관을 쌓는 것은 절대 쉬운 일이 아니라. 원하던 계획대로 되지 않아 실패하더라도 실패해서 포기하지 않는다면 자신이 원하는 좋은 습관을 쌓을 수 있다.

성공하는 30대가 되기 위해 절대로 물들지 말아야 할 70가지 습관

센다 타쿠야 지음 | 유가영 옮김 | 양장 | 172쪽 | 값 12,000원

회사에서는 가르쳐주지 않는 사회인의 마음가짐!
회사에서는 잘 가르쳐 주지 않는, 하지만 모르고 있으면 손해인 사회인의 마음가짐에 대해 이야기하고 있다. 회사에서 성장하는 사람과 그렇지 못한 사람의 차이는 지능지수도 운도 아니다. 그렇다고 열심히 노력만 한다고 해서 누구나 성공하는 것도 아니다. 바로 24시간, 365일 무심코 하고 있는 사소한 습관이 결정타가 되는 것이다. 사회인으로서의 습관은 처음 사회인이 되었을 때부터 어엿한 한 사람 몫을 하기 시작하는 입사 5년차 때까지 형성된다. 이 책은 70가지 악습을 구체적으로 소개하며, 이러한 습관에 물들지 말고 책임감을 갖고 꿋꿋이, 주어진 일에 최선을 다해야 함을 강조하고 있다.

머리에서 가슴까지 가는 길이 가장 멀다

김이율 지 | 양장 | 278쪽 | 13,000원

**망설이다가 후회와 자책만 남기기보다는 과감히 결단하고
자신의 선택에 확신하고 행동하라!**
지나친 망설임은 새로운 일을 시작하는 데 방해가 된다. 망설이다가 후회와 자책만 남기기보다는 과감히 결단하고 자신의 선택에 확신하고 행동하는 것이 좋다. 설령 실패한다 해도 망설이다가 아무것도 하지 않는 것보다는 훨씬 가치 있다. 이 책은 결단과 실행이 바로 인생을 바꿀 것이라 조언한다. 지나친 망설임은 새로운 일을 시작하는 데 방해가 된다. 망설이다가 후회와 자책만 남기기보다는 과감히 결단하고 자신의 선택에 확신하고 행동하는 것이 좋다. 행운과 성공은 망설임을 거부하는 용기 있는 자에게 찾아온다. 설령 실패한다 해도 망설이다가 아무것도 하지 않는 것보다는 훨씬 가치 있다. 결단과 실행이 바로 당신의 인생을 바꿀 것이다.

울고 싶어도 내 인생이니까

백정미 지음 | 344쪽 | 값 14,000원

울고 싶어도 내 인생이다, 포기하지 말고 걸어가라.

십여 년 가까이 최고의 감성작가로 누리꾼들의 사랑을 받은 백정미의 에세이집. 이 책은 저자의 치열한 사유에 의해 탄생한 귀중하고 의미 깊은 깨달음을 담았다. 울고 싶어도 슬퍼도 힘겨워도 자신만의 인생을 살아가야 하는 이 세상 모든 사람들에게 우리 곁에 머물면서 우리의 선택을 기다리고 있는, 인생을 가장 행복하게 살아낼 수 있는 비법들을 소개한다.

저자는 긍정적인 생각과 함께 늘 꿈을 간직하고 살고, 시간의 소중함과 사랑의 소중함을 알고, 이해하며 살아가는 것이 인생을 살아가는데 있어 가장 중요한 것들이라고 말한다. 이러한 지혜를 깨닫고 인생의 주인공이 자기 자신이 스스로의 인생에 책임감을 지니고 살아간다면 죽음 앞에 이르러서도 후회라는 그늘을 남기지 않을 것이라 이야기하고 있다.

영원히 살 것처럼 배우고 내일 죽을 것처럼 살아라

M. 토게이어 저 | 주덕명 옮김 | 양장 | 256쪽 | 값 12,000원

가장 아끼고 소중한 사람의 인생 앞에 놓아주고 싶은 책!

유대인이 오늘날까지 살아 남을 수 있었던 것은 어떤 상황에서도 결코 절망하지 않았기 때문이라고 한다. 폭풍우 뒤에 반드시 아름다운 무지개가 나타나듯이 이 책에는 무엇이든지 배우며 그 배움을 자신들의 삶에 접목시켜 자신들의 삶의 지혜로 삼으며, 후손들에게 교육시켜 수 천년 동안의 박해와 고난의 세월을 이겨 자신의 나라를 찾을 수 있었던 유대인의 자세와 지혜를 들려준다.

나를 위한 저녁 기도

신영란 지음 | 양장 | 256쪽 | 값 13,000원

내일 일은 내일에 맡겨두고 우울한 생각을 꿈속까지 끌고 가지 마세요!
이미 놓쳐버린 일에 너무 마음 쓰지 마세요.
내일은 더 잘할 수 있잖아요.

《나를 위한 저녁기도》는 하룻동안 힘들었던 자신의 어깨와 심장을 어루만져주는 희망의 메시지를 전달한다. 예순이 넘어 12000킬로미터, 실크로드 도보횡단에 성공한 프랑스 언론인 베르나르 올리비에의 이야기는 많은 것을 시사해준다. 소중한 것들을 자각하지 못해 놓치고 마는 우리 앞에 도착한 예쁜 그림엽서 속에 명문장들이 수록되어 있다.

나를 찾아가는 여행

김정한 지음 | 300쪽 | 값 15,000원

나는 누구이며, 어떻게 살 것인가!

살다보면 누구나 이 세상에 오직 나 혼자라는 느낌, 내가 세상에 잘못 날아든 풀씨 같다고 여겨지는 날이 있다. 전직 영어교사, 프리랜서 방송작가였던 저자는 그런 날들을 잘 버무려 맛깔나고 애잔한 시와 에세이들을 묶었다. 이 책은 '나는 누구인가? 어떻게 살 것인가?'라는 질문에 대한 저자의 생각을 담고 있다. '울지 마라 다 지나간다', '문학은 대리경험, 대리만족이다.', '일곱 살의 공주', '인생은 장애물 경기, 견디면 이긴다.', '모든 인생의 질문은 현재진행형' 등 45편의 저자의 이야기를 수록했다.

이 책은 사랑하는 아버지와 어머니, 그리고 오랜 연인에게 보내는 편지들과 함께, 이 세상을 아주 힘겹게 살아가고 있는 이 땅의 젊은이들에게 바치는 연서(戀書)다.